Estórias e Histórias

de uma italiana em São Caetano do Sul

Ângela Dall'Anese Nóbrega & Vilma Lemos

Estórias e História de uma Italiana em São Caetano do Sul
Ângela Dall'Anese Nóbrega

Ângela Dall'Anese Nóbrega
Vilma Lemos

Editor
Sebastião Haroldo de Freitas Corrêa Porto

Projeto Gráfico
Feco Porto

Capa
Cauê Porto

Preparação de Texto
Vilma Lemos

Organização
Vilma Lemos
Priscila Ferreira Perazzo

Revisão
Vilma Lemos
Silvana Pereira de Oliveira

Pesquisa
Robson Conceição da Silva
Daniele Roncarate Barbosa

Equipe Técnica
Robson Conceição da Silva
Daniel Pires Martins

Coordenação Técnica
Prof. Dr. Elias Estevão Goulart

Colaboradores
Henrique Caires Nóbrega Netto
Márcia Gallo
Ana Maria Nóbrega Cury
Lucília Nóbrega Catanzano
Marcos Nóbrega
Claudia Maria Nóbrega
Ana Luisa Nóbrega Cury
Patrícia Gallo
Michel Nóbrega Cury

Dados Internacionais de Catalogação na Publicação (CIP)
(Câmara Brasileira do Livro, SP, Brasil)

Nóbrega, Ângela Dall`Anese
Estórias e história : de uma italiana em
São Caetano do Sul : Ângela Dall`Anese Nóbrega /
Vilma Lemos. -- São Paulo : Porto de Idéias, 2009.

ISBN 978-85-60434-56-5

1. Mulheres - Memórias autobiográficas
2. Nóbrega, Ângela Dall`Anese I. Lemos, Vilma.
II. Título.

09-10648 CDD-920.72

Índices para catálogo sistemático:
1. Mulheres : Memórias autobiográficas 920.72

EDITORA PORTO DE IDÉIAS LTDA.
Rua Pirapora, 287 - Vila Mariana
São Paulo - SP - 04008.060
(11) 3884-5024
portodeideias@portodeideias.com.br
www.portodeideias.com.br

Vidas não podem ser fielmente registradas em papel, sobretudo aquelas que merecem ser recontadas. Mas, se cabe ao escriba, honesto em seus propósitos, a missão de relatar uma vida, o relato, inevitavelmente desfigurado e incompleto, consistirá na soma de várias histórias.

Marcelo Gleiser, *A Harmonia do Mundo*.

AGRADECIMENTOS

Em primeiro lugar, agradeço aos meus pais, e em especial a minha mãe Catherina, imigrantes em uma terra desconhecida, que muito lutaram para que seus filhos tivessem oportunidade de crescer, estudar e trabalhar com liberdade.

Aos meus irmãos, Arthur e Antonio José, e irmãs, Ada e Ana Maria, meus agradecimentos, pois juntamente aos irmãos falecidos (Augusta e Mário) compuseram inúmeros cenários e passagens da minha vida

Agradeço às professoras e amigas Vilma Lemos e Priscila Ferreira Perazzo que foram responsáveis pela concretização da publicação deste livro e deram a ele um caráter mais formal e acadêmico.

Ângela Dall'Anese Nóbrega

Este trabalho é fruto de muitos colaboradores, entre familiares, amigos, profissionais e estudantes envolvidos no processo de transformar a vida em obra. A todos eles, devemos agradecer.

Primeiramente, devemos agradecer ao Sr. Henrique Nóbrega, marido de D. Ângela, que gentilmente nos acolheu e, mesmo não sendo o narrador das histórias, participou delas direta ou indiretamente.

À Márcia Gallo, filha da narradora, primeira a redigir a história de vida sobre a qual, posteriormente, nos debruçamos.

À Ana Maria Nóbrega Cury, outra filha de D. Ângela, por ter apresentado D. Ângela e seus rascunhos ao *Memórias do ABC*/USCS, incentivando a parceria no texto.

À Ana Luisa, neta de D. Ângela, que empreendeu, junto à família, a tarefa de promover a publicação do livro.

À Priscila Ferreira Perazzo, professora da USCS e coordenadora do *Memórias do ABC*, que sugeriu o desenvolvimento deste trabalho e, ainda, por sua leitura atenta e questionamentos, à medida que avançávamos na ampliação da primeira versão.

A Robson Conceição da Silva, jornalista e pesquisador que se engajou com dedicação nesta atividade, na busca de referências que pudessem contextualizar melhor os leitores no universo da narradora-personagem. Robson também digitalizou fotos e documentos fornecidos por D. Ângela, legendando-os para inserção no livro. Esteve inúmeras vezes na casa da família, desenvolvendo essa pesquisa documental, buscando respostas para as perguntas que foram surgindo. Merece nosso respeito pelo empenho nas tarefas que lhe foram conferidas.

Registramos, ainda, a contribuição de Daniela Roncarate Barbosa, à época, pesquisadora do Memórias do ABC, que colaborou com a pesquisa. Ao Daniel Pires que fez a primeira diagramação do resultado apresentado à família em 2007, também deixamos um agradecimento.

Finalmente, à D. Ângela, que nos permitiu partilhar sua história e sua intimidade, colocando a público sua memória individual, mas coletiva, dos italianos de São Caetano do Sul.

São Caetano do Sul, agosto de 2009.

Profa. Dra. Vilma Lemos
Núcleo de Pesquisadores de Memórias do ABC,
da Universidade Municipal de São Caetano do Sul – USCS

SUMÁRIO

SUMÁRIO

PREFÁCIO

Quem conhece Ângela Dall'Anese Nóbrega logo entende o porquê de um livro sobre sua história de vida. Seu sorriso, seus belos olhos e sua vivaz fisionomia anunciam a presença marcante de uma italiana de São Caetano do Sul.

Sim. Uma italiana de São Caetano do Sul: é com essa dupla identificação com a qual muitos estrangeiros, que imigraram, para o Brasil podem ser apresentados.

Além de emocionar e divertir, a história pessoal de Ângela Dall'Anese Nóbrega também conta a história de muitas outras italianas que chegaram à cidade ou à região no início do século XX. Após a formação do núcleo colonial de São Caetano em 1877, com a chegada de famílias que imigravam da Itália para essa localidade, muitos outros estrangeiros, de diferentes nacionalidades, chegaram ao ABC por diversos caminhos, diferentes rotas, distintos trajetos. Mas formaram aqui comunidades miscigenadas e diversas culturalmente.

Dona Ângela diz, insistentemente, que não é imigrante. Para ela, os imigrantes vinham "em levas", desde o final do século XIX e formavam núcleos coloniais ou comunidades rurais. No entanto, os pais e irmãos de Dona Ângela vieram na rota de outros familiares, rumo ao Estado de São Paulo, já na década de 1930, seguindo a trilha aberta da imigração italiana para o Brasil.

Pai, mãe, Dona Ângela menina, seus irmãos e irmãs... imigrantes da Itália que não vieram "numa leva" de estrangeiros, mas vieram para formar comunidades italianas na região do ABC, mesmo que disso não se tenham dado conta. Primeiro, o Porto de Santos, depois uma fazenda de café em Atibaia e, então, São Caetano do Sul, situada numa região já em processo de industrialização, perto da capital, local em que já se encontravam alguns parentes. Aqui, no ABC, ela cresceu, estudou e trabalhou, uniu-se em matrimônio com membro de família portuguesa, criou seus filhos e filhas e registrou seu nome de família em algumas placas pela cidade.

A história de Dona Ângela tem sua singularidade, pois é a história de uma menina vivaz de olhos azuis e lindos cachos loiros. A história de Dona Ângela está na memória coletiva de São Caetano do Sul, é a saga de uma família italiana que, como várias outras, fundou, construiu e fez existir essa cidade.

Nas singularidades e nas individualidades de cada história de vida que escreve, desenha, constrói e compõe o conjunto da memória local que esse livro de família hoje se apresenta ao público.

Conhecemos Dona Ângela em 2004, quando ela foi ao Núcleo de Memórias do ABC, da Universidade Municipal de São Caetano do Sul – USCS, gravar sua história de vida para o acervo hipermídia ali organizado. Então ela nos contou, também, que escrevia sua própria história. Trouxe consigo os rascunhos de seu livro. Por anos, reconstituíra suas lembranças, anotara sua história e contara suas estórias. Preocupados em registrar, estudar e, sobretudo, divulgar e valorizar a memória dos moradores das cidades do ABC, nos oferecemos como parceiros de Dona Ângela para levar a cabo a organização desse livro de memórias. Somamos, todos, nossos esforços – Dona Ângela, sua família e pesquisadores de memória dessa universidade – que passaram a trabalhar nessa obra. Vilma Lemos debruçou-se sobre o texto inicialmente apresentado e reorganizou a redação, orientou a pesquisa de Robson Conceição da Silva que coletou o acervo pessoal de Dona Ângela e o transformou em fontes iconográficas digitais.

O resultado é ora apresentado ao público e à família Dall'Anesse Nóbrega. Mas, entre outros objetivos, está a intenção de projetar cidadãos, como Dona Ângela, baluartes da história de São Caetano do Sul, como agentes de sua própria história, a partir da evocação da memória e recuperação de suas histórias de vida, ressaltando suas individualidades e suas singularidades.

O registro das histórias de vida, aqui, apresenta-se em narrativas escritas, publicadas em forma de livro de memórias e traz a público a história e as estórias de Ângela Dall'Anese Nóbrega, uma italiana em São Caetano do Sul.

Profa. Dra. Priscila Ferreira Perazzo
Universidade Municipal de São Caetano do Sul – USCS

Ângela Dall'Anese e Henrique Caires Nóbrega Netto. 27 de dezembro de 1947

Árvore genealógica
Da família de Ângela Dall'Anese

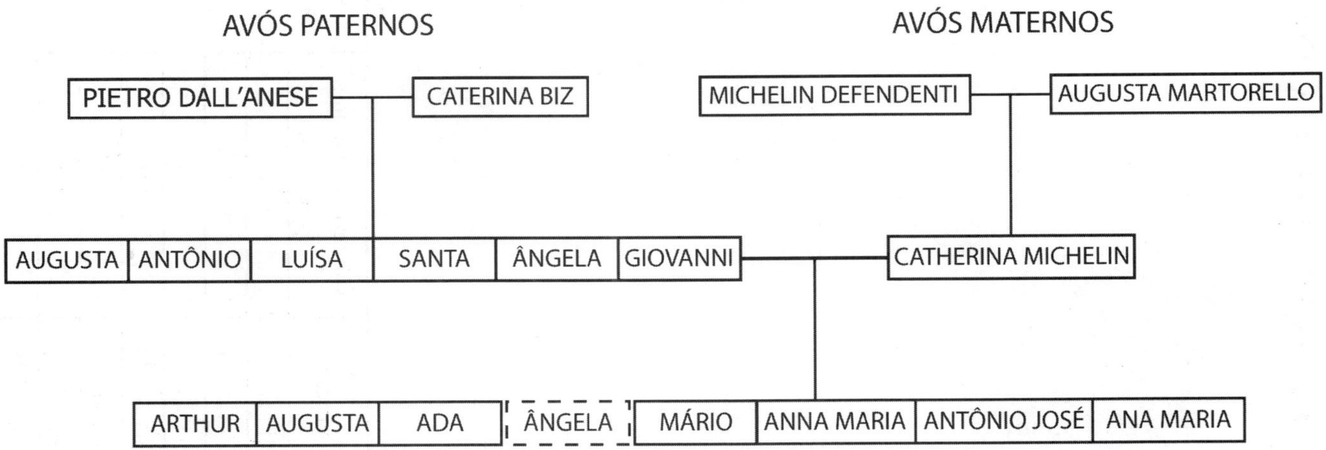

DIVISÃO GEOPOLÍTICA DA ITÁLIA

Região	Província	Número de "comuni" província	Número total de cidades "comuni"
20. Veneto	1 – Belluno – BL	1 - 69	581
	2 – Padova – PD	2 – 104	
	3 – Rovigo – RO	3 – 50	
	4 – Treviso – TV	4 – 95	
	5 – Venezia – VE	5 – 44	
	6 – Verona – VR	6 – 98	
	7 – Vicensa - VI	7 - 121	

MAPA DE VENETO COM NOME DE ALGUMAS REGIÕES

Canção do Folclore Italiano

Mérica Mérica[1]

Dalla Italia noi siamo partiti
Siamo partiti col nostro onore
Trentasei giorni di macchina e vapore,
E nella Merica noi siamo arriva'.

Merica, Merica, Merica,
cossa saràlo 'sta Merica?
Merica, Merica, Merica,
un bel mazzolino di flor.

E alla Merica noi siamo arrivati
no' abbiam trovato nè paglia e nè fieno
Abbiam dormito sul nudo terreno
come le bestie andiam riposar.

Merica, Merica, Merica,
cossa saràlo 'sta Merica?
Merica, Merica, Merica,
un bel mazzolino di flor.

E la Merica l'è lunga e l'è larga,
l'è circondata dai monti e dai piani,
e com la industria dei nostri italiani
abbiam formato paesi e città.

Merica, Merica, Merica,
cossa saràlo 'sta Merica?
Merica, Merica, Merica,
un bel mazzolino di flor.

Merica, Merica, Merica,
cossa saràlo 'sta Merica?
Merica, Merica, Merica,
un bel mazzolino di flor.

1 Original em dialeto veneto

Tradução

Da Itália nós partimos
Partimos com nossa honra
Trinta e seis dias de máquina e vapor,
e na América chegamos.

América, América, América,
o que será esta América?
América, América, América,
um belo ramalhete de flores.

E na América chegamos
não encontramos nem palha e nem feno
Temos dormido no nu terreno
como os animais vamos descansar.

América, América, América,
o que será esta América?
América, América, América,
um belo ramalhete de flores.

E na América é longa e larga,
é rodeada por montes e planícies,
e com a indústria dos nossos italianos
Formamos países e cidades.

América, América, América,
o que será esta América?
América, América, América,
um belo ramalhete de flores.

América, América, América,
o que será esta América?
América, América, América,
um belo ramalhete de flores.

Capítulo I
A Itália dos pais – 1900

> Que entendeis por uma nação, Senhor Ministro? É a massa dos infelizes? Plantamos e ceifamos o trigo, mas nunca provamos pão branco. Cultivamos a videira, mas não bebemos o vinho. Criamos animais, mas não comemos a carne. Apesar disso, vós nos aconselhais a não abandonarmos a nossa pátria? Mas é uma pátria a terra em que não se consegue viver do próprio trabalho?
>
> Resposta de um italiano a um Ministro de Estado de seu país, a propósito das razões que estavam ditando a emigração em massa. http:// www.imigrantesitalianos.com.br

Tudo começou em San Giacomo de Veglia, Vittorio Veneto, província de Treviso.

Sou a quarta filha, de nove irmãos, nascida na Itália aos três dias do mês de março de 1926. Meu pai, Giovanni Dall'Anese, com seis meses de idade, veio para o Brasil com seus pais Pietro Dall'Anese e Caterina Biz, no fim do século XIX, e foram para Bragança Paulista, na fazenda da família José Ferreira Pinto, onde não se adaptaram bem e, por isso, retornaram para a Itália em 1910, deixando aqui duas filhas, Ângela e Santa, que mais tarde casaram-se, respectivamente, com a família Ferreira Pinto e a família Gallo. A família Dall'Anese, além de Giovanni, Santa e Ângela, tinha mais três filhos: Augusta, Antônio e Luísa.

De volta a San Giacomo, meu avô Pietro comprou um sítio com dinheiro dado por Santa e Ângela, que já estavam bem de vida. Logo, chegou a época de meu pai servir o exército. Era 1914, início da Primeira Guerra Mundial[1]. Meu pai serviu até 1918 e, quando voltou, soube que seus pais haviam morrido. Nesse tempo, conheceu minha

1 Guerra de 1914 a 1918 - Da disputa por mercados consumidores e colônias entre as nações europeias nasceu a rivalidade que seria o berço da Primeira Guerra Mundial. O estopim deste conflito foi o assassinato de Francisco Ferdinando, príncipe do império austro-húngaro, durante sua visita a Saravejo (Bósnia-Herzegovina). As investigações levaram a um jovem integrante do grupo sérvio chamado Mão Negra, contrário à influência da Áustria-Hungria na região dos Bálcãs. Os impasses criados pelos interesses capitalistas, pelo imperialismo e pelo nacionalismo conduziram o mundo à Primeira Grande Guerra. O império austro-húngaro declarou guerra à Sérvia em 1º de agosto de 1914. Esta luta envolveu as grandes potências, como Inglaterra, Alemanha, França e Rússia, e ativou suas rivalidades. VINCENTINO, Cláudio. *História Geral*. São Paulo: Scipione,1993.

mãe, Catherina Michelin, e se casaram em 1920. Desse casamento, nasceram seis filhos italianos – Arthur, Augusta, Ada, Mário, Ana Maria e eu, Ângela – e dois brasileiros – Anna Maria e Antônio José.

A vida ia mais ou menos, meus pais cultivavam uvas e faziam vinho, tínhamos uma vaca e criávamos bicho-da-seda, cuja produção rendeu muitos prêmios à minha mãe.

Os cuidados com os bichos requeriam de minha mãe alimentá-los constantemente, pois eles devoravam folhas e mais folhas de parreira. Disso, resultavam casulos que eram uma beleza, mas, para mantê-los assim, minha mãe dormia pouco. Meus irmãos e meu pai também ajudavam na busca das folhas.

Os mais velhos frequentavam a escola. Era época de Mussolini[2] e, apesar das coisas erradas que ele fazia, porque era um ditador, não faltavam escolas e os cadernos e livros eram doados pelo governo.

No final da década de 1920, ano em que nasceu meu irmão Arthur, houve uma grande seca e a terra não produziu nada. Meu pai, com seis filhos, saiu à procura de emprego, mas, como possuía terras, não podia trabalhar em fábrica. Desgostoso, porque, depois de ter servido à pátria, ele não tinha o que dar aos filhos, disse à minha mãe que iria voltar para o Brasil, uma vez que tinha duas irmãs aqui. Demorou um tempo até que isso se concretizasse. Partiu, só, no dia 27 de setembro de 1930, deixando-nos na Itália sob os cuidados de minha mãe.

Nossa irmãzinha Ana Maria nasceu em 1930, antes da partida de meu pai, porém, quando ele já estava no Brasil, minha mãe passou por uma cirurgia e nós ficamos aos cuidados de uma tia solteira; inclusive a pequenina Ana Maria, com um ano de idade. Lembro-me que dor-

2 Benito Mussolini fundou o Partido Fascista Italiano e foi o comandante do Faccio de Combatimente em Milão. Mussolini criou os *Esquadies*, a milícia armada, conhecida como Camisas Negras, que perseguiram e mataram socialistas e membros do CGL (Central Geral do Trabalho). Os *Esquadies* eram financiados pela burguesia e se espalharam por todo o país. O regime político implantado por Mussolini (1919-1943), o Fascismo, teve caráter autoritário. Surge na Europa no período entre guerras, a partir de 1919. VINCENTINO, Cláudio. *História Geral*. São Paulo: Scipione,1993.

míamos todos juntos, enfileirados, numa grande cama. Para piorar a situação, Ana Maria teve pneumonia e faleceu em 6 de março de 1931. Foi muito triste o enterro, a cidade inteira levou suas crianças. Minha mãe, coitada, sem meu pai, convalescia ainda da cirurgia.

Capítulo II
Da Itália para o Brasil – 1931

Quando chegou aqui, meu pai arrumou uma casa na fazenda em Atibaia, propriedade da irmã Ângela e de seus filhos, e, em seguida, escreveu para que minha mãe vendesse tudo e viesse para o Brasil. Ela começou a se desesperar, pois não sabia o que fazer. Na Itália, os parentes moravam próximo, havia a escola, a igreja. Meus avós maternos, Michelin Defendenti e Augusta Martorello, não sabiam o que aconselhar: "Deixar tudo? Que fazer com as crianças? Dizem que lá no Brasil tem cobras e bichos ferozes...". Minha mãe decidiu partir.

Como o pároco de San Giacomo era primo de minha mãe, pudemos fazer a primeira comunhão antes de embarcar. Eu tinha apenas 5 anos e meio, mas o padre autorizou minha participação. Ele sabia que minha mãe ia continuar a nos ensinar a religião. Foi feita uma declaração para que trouxéssemos em nossa mudança.

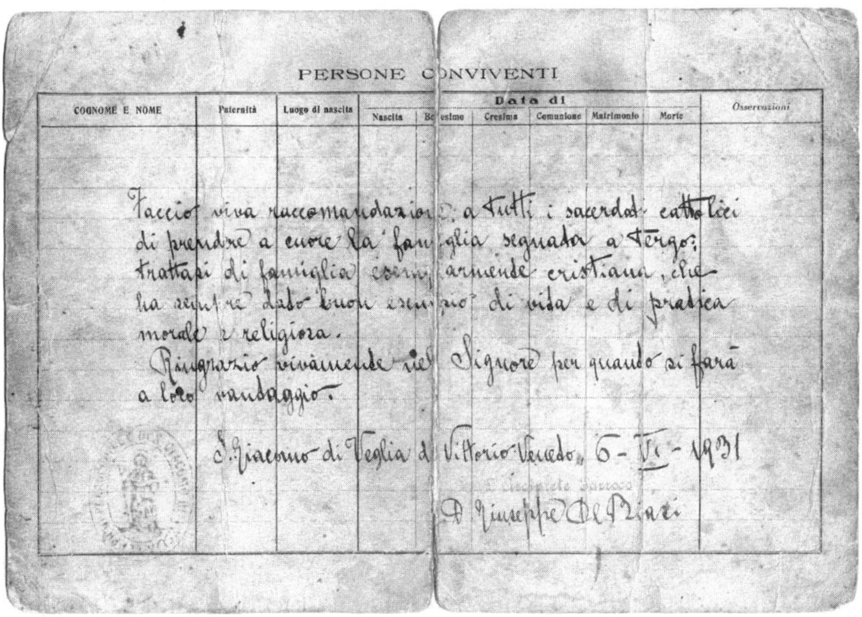
PERSONE CONVIVENTI

COGNOME E NOME	Paternità	Luogo di nascita	Nascita	Battesimo	Cresima	Comunione	Matrimonio	Morte	Osservazioni

Faccio viva raccomandazione a tutti i sacerdoti cattolici di prendere a cuore la famiglia segnata a tergo: trattasi di famiglia eminentemente cristiana, che ha sempre dato buon esempio di vita e di pratica morale e religiosa.
Ringrazio vivamente nel Signore per quanto si farà a loro vantaggio.

S. Giacomo di Veglia di Vittorio Veneto, 6-VI-1931

D. Giuseppe Del Piai

Certificado declarando a procedência religiosa de Arthur, Augusta, Ada, Ângela, Mário: filhos de Catherina Michelin Dall'Anese. Documento de 6 de junho de 1931

Em meio a tudo isso, minha mãe necessitava vender a propriedade e, por isso, fez promessa a São Ticiano[3], sendo prontamente atendida; porém, pagaram apenas a metade do preço que ela valia. Meu pai não a perdoaria por fazer mau negócio.

Quando estava tudo arrumado, fomos pagar a promessa a São Ticiano, na cidade de Vittorio Veneto. Fomos a pé, pela linha de trem. De um lado, andava minha mãe e, do outro, eu e Ada, que íamos comendo frutinhas na beira da cerca. O trem vinha de Conegliano para Vittorio, quando uma senhora gritou, ao longe, da estação de Soffratta: “Olha o trem!”.

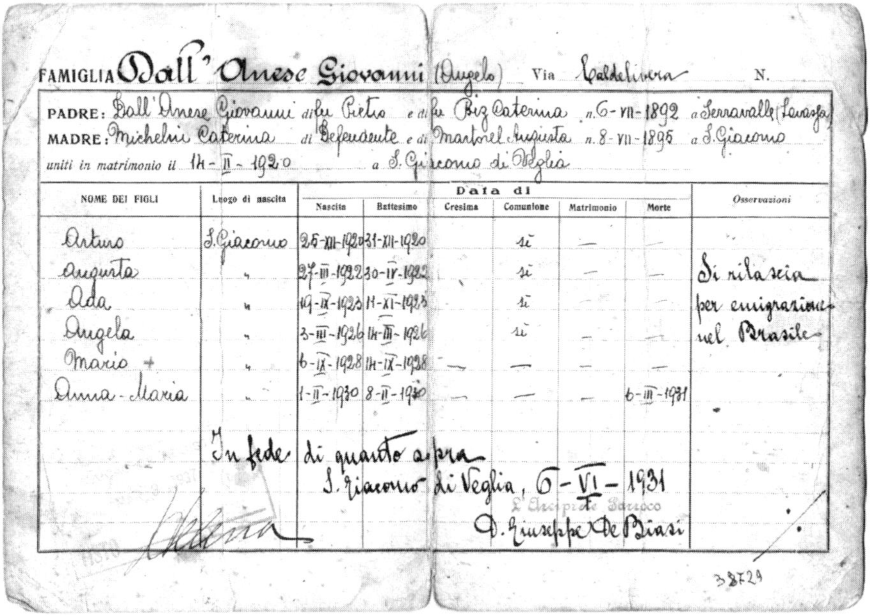
FAMIGLIA Dall'Anese Giovanni (Angelo) Via Caldeliviera N.

PADRE: Dall'Anese Giovanni di fu Pietro e di fu Biz Caterina n. 6-VII-1892 a Serravalle (Savassa)
MADRE: Michelin Caterina di Defendente e di Martorel Augusta n. 8-VII-1895 a S. Giacomo
uniti in matrimonio il 14-II-1920 a S. Giacomo di Veglia

NOME DEI FIGLI	Luogo di nascita	Data di Nascita	Battesimo	Cresima	Comunione	Matrimonio	Morte	Osservazioni
Arturo	S. Giacomo	25-XII-1920	31-XII-1920		si	—		
Augusta	"	27-III-1922	30-IV-1922		si	—	—	Si rilascia
Ada	"	19-IX-1923	11-XI-1923		si	—	—	per emigrazione
Angela	"	3-III-1926	14-III-1926		si	—	—	nel Brasile
Mario +	"	6-IX-1928	14-IX-1928	—	—	—	—	
Anna-Maria	"	1-II-1930	8-II-1930	—	—	—	6-III-1931	

In fede di quanto sopra
S. Giacomo di Veglia, 6-VI-1931
D. Giuseppe De Biasi

38729

Verso do Certificado de Procedência Religiosa

A Ada encostou-se na cerca; mas, eu, como nunca havia visto um trem, corri assustada e atravessei a linha a uns cinco metros dele para ir com minha mãe, que pôs o xale na cabeça e fechou os olhos, imaginando a tragédia. Felizmente escapei. Mais uma graça de São Ticiano. Isso aconteceu em 1930.

3 Santo de devoção de Catherina Michelin, mãe da narradora.

Chegou, então, o dia da viagem, a nossa partida para o Brasil. Era 10 de junho de 1931. Para nós, crianças, era alegria; para minha mãe, era difícil deixar tudo e todos. Meu avô Michelin Defendenti nos acompanhou até o Porto de Genova e ficou vendo um a um subir no navio – o Principessa Maria. Entre um adeus e outro, minha mãe levou o Mário, o mais novo e gordo, para a cabine e voltou ao convés para dar o último adeus a meu avô. Qual não foi a sua surpresa quando só viu céu e água, pois não tinha notado que o navio havia zarpado. Ela nem conseguiu se despedir do pai.

Minha mãe se pôs a chorar. Uma das senhoras que estava no convés disse que vira meu avô e que ele gritava e chamava pela filha. Só depois de 32 anos minha mãe conseguiu voltar à Itália para visitar os pais, porém sua mãe já havia falecido.

Passaporte de Catherina Michelin Dall'Anese e dos filhos Arthur, Augusta, Ada, Mário e Ângela. Documento de 1º de julho de 1931

Capítulo III
A viagem

Durante a viagem, minha mãe estava sozinha para cuidar dos cinco filhos; o mais velho, Arthur, com onze anos, e o mais novo, Mário, com quase três. Viajávamos na terceira classe. Pagamos nossas passagens, não viemos como imigrantes; por isso, se meu pai fosse esperto, teria falado com a imigração e, como fomos para o interior do Estado de São Paulo, teria de volta o dinheiro gasto com as passagens. Essa era a regra para o imigrante cujo destino era o interior do Estado.

Durante o trajeto de Genova a Napoles, eu desapareci. Minha mãe, desesperada, queria descer em Nápoles para mandar avisar meu avô. Naquela época, os navios não tinham muita segurança, e pensaram que eu havia caído no mar. Até o capitão se mobilizou à minha procura. Fecharam todas as classes e, quando subiram para a primeira classe, lá estava eu, no colo de uma francesa, todos rindo de ver uma loirinha de olhos azuis falar tão naturalmente em italiano. Eu era extrovertida e, acredito, engraçadinha. Terminou tudo bem, voltou a paz.

Em nossa mesa sentava-se um casal com duas filhas: as meninas estavam sempre de gorro na cabeça. Naquele tempo, as pessoas que tinham piolhos, antes de embarcarem, raspavam a cabeça. O casal vivia reclamando de nosso comportamento porque sujávamos a toalha. Então, num belo dia, minha mãe se irritou e disse: "Meus filhos sujam a toalha, mas, graças a Deus, estão todos com os seus lindos cabelos com tranças." Eles que entendessem como quisessem!

Meu irmão Mário sempre queria ir ao banheiro dos homens sozinho. Minha mãe ia, disfarçadamente, atrás dele porque se ele a visse, voltava.

Passamos mal durante a viagem, o que nos obrigou a ficar a maior parte do tempo na cabine. O navio balançava muito e apenas minha irmã Ada, com 8 anos, estava disposta e nos trazia alguma coisa para comer. A comida era boa, mas quase sempre a mesma: muito macarrão, sopa e pão. Arroz era raro, eventualmente era servido com um feijão graúdo.

A roupa que sujávamos era lavava na lavanderia do navio; afinal, foram dezenove dias de viagem com cinco crianças traquinas!

Já em águas brasileiras, fizemos uma parada no Porto do Rio de Janeiro, foi quando Ada experimentou banana, a fruta tão falada por meu pai. Na época, ela detestou, embora hoje ache uma delícia.

Finalmente chegamos ao Porto de Santos. Meu pai, sozinho, mas feliz, estava à nossa espera. Saímos em 10 de junho e chegamos em 29 do mesmo mês, do ano de 1931. No porto, vimos muitas frutas, principalmente banana, que na Itália não existia. Meu pai nos levou para lanchar, antes de embarcarmos no trem com destino a Atibaia.

A bagagem era pouca: um baú e quatro malas que foram levadas para o trem por um carregador.

CAPÍTULO IV
ATIBAIA - OS PRIMEIROS TEMPOS

Tomamos o trem da Santos-Jundiaí[4] que, naquele tempo, era a SPR – São Paulo Railway. Qual não foi nosso espanto ao vermos, na beira da linha, aquelas casinhas pequeninas. A gente olhava aquelas casinhas pela janela e pensava "Será que isso é casa para morar?" Eram de tijolos, com telhado, mas tão juntas! Ficamos admirados. Nós nunca havíamos visto casa com menos de dois andares. Nesse dia, experimentamos pela primeira vez as laranjas do Brasil, compradas por meu pai para comermos no trem. Uma delícia!

Paramos na cidade de Campo Limpo e fizemos baldeação para a Estrada de Ferro Bragantina, hoje desativada por causar prejuízo. Só nesta terra! Esse transporte era útil e necessário ali. O trem era pequeno, com bancos de madeira. Finalmente chegamos à estação do Bairro do Tanque, município de Atibaia, interior de São Paulo. Era pequena, com poucos passageiros. Ninguém nos esperava.

O bairro também era pequeno e localizava-se perto de uma estação de trem, onde começava a grande fazenda que pertencia à minha tia Ângela. Nesta época, já viúva e com quatro filhos, morava em Perdizes, bairro de São Paulo. A fazenda foi nosso primeiro lar.

A história de tia Ângela é interessante. Moça muito bela, logo despertou a atenção do senhor Ferreira Pinto, dono da fazenda na qual trabalhava. Com ele teve quatro filhos. Quando estava morrendo, mandou buscar o juiz de Atibaia e casou-se com Ângela, tornando-a herdeira de terras e propriedades. Os filhos, no entanto, esbanjavam dinheiro em viagens para a Europa. Meu nome é uma homenagem a ela.

A casa em que fomos morar era pequena: dois quartos e cozinha, tudo sem forro. Chegamos todos arrumadinhos de botinhas e chapéus, mas deixamos tudo pendurado atrás da porta, onde ficaram por muito tempo. Na fazenda havia um pomar com muitas laranjas, o que nos deixou muito contentes. Laranjas, na Itália, eram uma preciosidade tão grande que comíamos primeiro o bagaço e, depois, as cascas, que guardávamos no bolso!

4 Estrada de Ferro Santos-Jundiaí.

No ano seguinte, estourou a Revolução de 32[5]. Os trens passavam a dez metros de nossa casa, cheios de soldados que vinham de Minas Gerais. Meu pai ao ver aquilo disse: "Saímos de uma guerra lá na Itália, deixamos uma casa grande de três andares e acabamos em uma casa pequena, que não tem lugar para guardar nada. Outra guerra".

Nós víamos os soldados passarem porque morávamos perto da estação de trem, mas, graças a Deus, terminou rápido. Tínhamos muito medo da guerra.

Certo dia, eu e minha irmã Ada fomos buscar água em uma nascente – em nossa casa não havia água encanada. Enquanto Ada pegava água, fui para perto do rio e, de repente, lá vou eu caindo, de chapéu e tudo. Só lembro que me agarrei no capim das margens e consegui subir. Mais uma vez não era chegada a minha hora, São Ticiano estava lá.

Uma semana depois, tia Ângela levou minha irmã Augusta, que devia ter uns 11 anos, para morar com ela em São Paulo, na Capital. Minha mãe permitiu porque pensava que seria uma a menos a sofrer – Augusta poderia ter uma vida melhor do que aquela que levávamos na fazenda. Mas não foi bem assim. Na casa, ela só trabalhava. Dormia no *hall* do quarto da tia, não tinha nem um quarto, embora a casa fosse grande. Às vezes, minha mãe pegava o trem e ia visitá-la. No início, Augusta mandava dinheiro, depois, minha tia e minha mãe fizeram um acordo: tia Ângela emprestou quatro mil réis para a entrada de nossa casa em São Caetano do Sul, que custou cento e cinco mil, e foi descontando, aos poucos, do que nossa irmã recebia por seu trabalho na casa.

Em Atibaia, nossa casa era perto da escola; bastava pular a cerca e estávamos lá. A sala de aula era pequena e a professora vinha da Capital. Aprendemos o português muito rápido. No final do ano,

5 Revolução Constitucionalista iniciada em 9 de julho de 1932, deflagrada pelos paulistas contra o Governo Provisório de Getúlio Vargas, que não queria promulgar nova Constituição para o país. O movimento objetivava restabelecer a democracia. Durante três meses os paulistas lutaram, renderam-se quando seu líder, o general Bertoldo Klinger, ordenou a deposição das armas. A rendição dos paulistas foi assinada em Cruzeiro, no dia 2 de outubro. Dicionário histórico-biográfico brasileiro pós-1930. Coordenação Alzira Alves de Abreu. [et al.]. Rio de Janeiro: Editora FGV, CPDOC, 2001.

fizeram um teatrinho na escola e eu era a mãe de Juliana. Na peça eu perguntava: "Por que choras, Juliana,/Por que vives a chorar?" E outra menina respondia: "Eu choro de sentimento,/Porque Dom Jorge vai se casar." E eu finalizava: "Eu não te disse, minha filha,/Que Dom Jorge te enganava?/Ele está acostumado as mocinhas enganar."

Não lembro o restante dos versos, mas eu os recitei em 1933 e, no dia 15 de junho de 1999, ouvi os mesmos versos recitados por uma senhora, mais ou menos da minha idade, na Rede Cultura de Televisão, versos de Câmara Cascudo[6], e fiquei emocionada.

6 Segundo Ângela Dall'Anese, este poema seria do folclorista Câmara Cascudo; porém, não foram encontramos registros que atestassem essa autoria.

Capítulo V
A vida na comunidade

Quando encontrávamos pessoas negras, nos espantávamos; mas com o passar do tempo, fomos nos acostumando: vivíamos em meio a caboclos e outras misturas de etnias.

Perto de nossa casa havia um sítio que pertencia ao senhor Juvenal Pedroso. Era uma família como a nossa: os avós eram estrangeiros, de Portugal, e era composta de muitas meninas. O senhor Juvenal havia trabalhado na estrada de ferro como chefe da estação do Bairro do Tanque. Toda vez que chegava em sua casa, ele me chamava de "boneca de piche", brincando com o fato de eu ser tão loirinha. Depois de muitos anos, a filha mais nova do senhor Juvenal, Joana, casou com meu irmão Arthur.

Moramos nessa casa por aproximadamente dois anos. Meu pai arrumou o quintal e, perto, havia uma roça de café. Meu irmão Arthur, que tinha 12 anos, pegava seu enxadão – bem maior do que ele – e ia com nosso pai fazer covas para plantar café. No meio delas, plantavam feijão e milho para o sustento da família. O primo Arthur, filho de tia Ângela, queria a metade da plantação! Imagine se não fosse parente!

Após a aula, eu ia levar o almoço no cafezal e ficava trabalhando por lá. Para nós, crianças, era tudo diversão, mas para os mais velhos era horrível. Tinham de abrir valas na terra e colocar o grão de café. Quando a árvore frutificava, puxavam os galhos e colhiam os grãos mais maduros, deixando os mais verdes amadurecer. O café colhido era jogado no chão, peneirado para limpar e ensacado.

Depois de um ano, minha mãe deu à luz um menino, João, que morreu após alguns dias. Não soubemos o porquê, pois não existiam médicos por perto, nem farmácias... Minha mãe foi ficando com uma fraqueza muito grande. O clima tropical, com o qual ela não estava acostumada, talvez tenha sido a causa. Começaram a aparecer varizes em suas pernas, foi difícil curá-las e, por anos e anos, elas voltaram.

Mudamos para uma casa mais próxima à sede da fazenda, distante 5 quilômetros de onde morávamos. Não havia escola por perto, por isso deixamos de frequentá-la. Sempre havia coisas para fazer. Se não era a colheita, era tempo de carpir. Uma tarefa que ocupava grande parte de nosso tempo era "chegar" terra aos pés de café. Primeiro, tirava-se a terra para fazer uma bandeja com ela. Depois, carpíamos uma fileira da plantação de café: uma pessoa ia de um lado, enquanto a outra vinha em sentido contrário, fazendo a mesma tarefa. Feito isso, encostávamos a terra outra vez nos pés de café. Seis anos ficamos nesta luta.

Para ganhar um dinheirinho extra, meu pai lavava os carros do patrão. Aos sábados eram feitas as compras com os vales que, depois, eram descontados do salário. Meu pai recebia um cartão, com o qual comprávamos na venda, sem saber ao certo quanto gastávamos. O dinheiro que havia sobrado da viagem da Itália tinha sido gasto no sustento da família. Meu primo Arthur era quem trocava esses vales e nunca se interessou em nos ajudar. Para ele, era vantajoso trabalharmos na sua fazenda devido à nossa produtividade e também pela fidelidade à família.

Na fazenda havia outros italianos, inclusive um deles conhecia meu pai, eram da mesma região da Itália. De modo geral, os italianos não eram bem vistos, as pessoas diziam: "Chi! É italiano". Porém, como tínhamos casa para morar, nosso sofrimento foi menor do que o de muitos outros italianos imigrantes: ter moradia conferia-nos certo diferencial em relação à pobreza reinante. Vimos muita gente sofrida.

Aos poucos, nós, crianças, fomos aprendendo o português no contato com outras crianças. Tínhamos mais facilidade do que os adultos. Mas, em casa, continuamos, por algum tempo ainda, falando italiano. Depois, falava-se uma mistura de português com italiano.

Capítulo VI
Religiosidade sempre presente

Quando chegava a Semana Santa, minha mãe tinha preocupação de ir à igreja. A mais próxima ficava em Bragança Paulista, cerca de 10 quilômetros da fazenda; percurso que fazíamos a pé.

Algumas vezes, iam os filhos mais velhos, outras vezes os mais novos, andando os 10 quilômetros, descalços, saindo de madrugada, à sombra da lua, parecendo Jesus, Maria e José. Quando chegávamos perto da cidade, lavávamos os pés no riozinho, colocávamos os sapatos e íamos assistir à missa. Depois, íamos a um parque fazer piquenique. Na volta, tirávamos os sapatos porque os pés estavam cheios de bolhas.

Certo dia, meu irmão Mário, com sete anos, e eu, com nove, fomos até o Bairro do Tanque a pé. Fazíamos este trajeto com regularidade para ir ao pequeno comércio e também ao barbeiro. Nós queríamos cortar o cabelo, mas foi ficando tarde. Era sábado de Aleluia e, quando saímos do barbeiro, a noite já ia alta – eram vinte e uma horas.

A estrada seguia entre as plantações e as touceiras de mato. Íamos por ali, morrendo de medo, com as compras nas costas, agarradinhos um ao outro. Ainda bem que era Semana Santa, marcada pela lua cheia, que clareava o caminho e diminuía nosso medo. Na metade do caminho, ouvimos a voz de nosso pai, bem ao longe, nos chamando. Foi um alívio.

Nessa época, minha mãe já tinha tido mais dois filhos: Antônio José e Anna Maria – o mesmo nome da irmãzinha que tinha morrido na Itália. Tia Ângela batizou meu irmão Antônio José. Como era viúva e era costume ter um padrinho, o padre sugeriu o nome de Santo Antônio. E assim aconteceu.

Ficamos muitos anos sem consultar médico ou dentista. Certa vez, tive uma inflamação no dente, que se agravou tanto, que meu rosto ficou preto. Não havia o que fazer, só bochechos com ervas. À noite, ainda me lembro, minha mãe pôs, embaixo do travesseiro, um santinho de São João Bosco e de Santa Terezinha. Sonhei com esses santos e, no dia seguinte, a inflamação estourou para o lado de dentro, para minha sorte; pois víamos muita gente com cicatrizes no rosto, vítimas do mesmo problema.

Capítulo VII
A lida na fazenda

Pela segunda vez mudamos de casa, na mesma fazenda. Meu pai gostava de arrumar as casas. Como havia muitas olarias na região, comprava tijolos e fazia melhorias. Pagava com o que sobrava do vale, completando com um pouquinho de dinheiro que tinha, porque a pobreza era muito grande. Nossa segunda casa ficava no jardim da fazenda, perto da cocheira.

Dos afazeres cotidianos, minha mãe encarregava-se de tirar leite das vacas, meu irmão mais velho tratava dos animais e nós continuávamos na roça com nosso pai. Um dia, minha mãe me disse: "Vá até o paiol, tire os cestos onde as galinhas botam ovos e queime as palhas dos cestos."

Era costume queimar palha para acabar com os piolhos. O que eu fiz? Coloquei fogo nos cestos sem tirá-los do lugar. E, lá se foi o paiol e todo o milho que estava dentro. Todos correram com baldes de água, até a mulher do meu primo ajudou, com medo que pegasse fogo na cocheira. Até hoje me vem à memória a imagem de meu pai, quando ele chegou do trabalho, com pedaços de lenha nas costas. Pôs as mãos na cabeça e disse: "Lá se foi todo o meu milho!" Ele não me bateu, mas eu, prevenida, fui me esconder em um vale até tudo se acalmar.

Minha mãe também lavava as roupas do contador da fazenda para ganhar um extra. Deixava tudo branquinho e ficava até tarde passando com o ferro aquecido por brasas, trazido da Itália.

Ela aprendeu a lavar roupa no Brasil com a mãe da minha cunhada Joana, a Eugênia. Lá na Itália, era costume pôr a roupa branca num tacho e abafá-lo com um pano, sobre o qual se jogavam, depois, água fervendo. Era um processo para branquear a roupa. No Brasil, como havia muito sol, ela aprendeu a ensaboar e pôr a roupa para quarar, enxaguando depois. Era muito mais prático.

Outro episódio marcante dos primeiros tempos foi quando lhe roubaram sete frangos. Ela, muito triste e revoltada, espalhou por toda a fazenda que tinha trazido da Itália umas favas[7] que, colocadas na água,

7 Plantas de caule ereto, nutritivo e dotado de propriedades medicinais, cujo fruto é uma vagem com sementes comestíveis.

inchariam, assim como a pessoa que havia roubado os frangos. Qual não foi a sua surpresa quando, numa noite de lua cheia, de madrugada, ela olhou para fora e viu seus frangos: um após o outro, entrando no galinheiro.

No interior, as crendices eram muitas, mas nós não acreditávamos em nada, talvez pela religiosidade impregnada em nossa formação. Outra marca de minha mãe em nossa formação foi nos ensinar que só se vencia com o trabalho.

Em frente à nossa casa, a cerca de 500 metros, havia um bosque onde eu e uma vizinha íamos buscar lenha. Era preciso atravessar uma pinguela estreita, feita de paus. Certo dia, já na volta, com a lenha na cabeça, ouvimos umas passadas pesadas, mas não nos atrevemos a olhar para trás porque, nessa mata, existiam onças. Só depois de atravessar o riozinho, nos viramos para olhar: era um cavalo. E quase havíamos deixado a lenha cair no rio!

Ali, também havia alguns pinheiros, e meu irmão Arthur, muito corajoso, subia nos troncos para pegar os pinhões.

Da nossa casa, avistava-se uma das porteiras da fazenda. Quando chegava alguém de carro, primos ou amigos dos patrões, as crianças, inclusive nós, corríamos para abri-la e ganhar algumas moedas, com as quais ficávamos contentes.

Meu primo Arthur, com seus 35 anos, tinha uma filha mais ou menos com a minha idade; quando ela vinha de São Paulo, sua mãe me chamava para brincar e comer com ela, porque tinha pouco apetite. Ela dizia: "Veja como a Ângela come!" E assim ela também comia.

Graças a Deus, nunca faltou leite e pão, que minha mãe fazia em casa, e arroz e feijão – alimentos que aprendemos a apreciar e comemos até hoje –, assim como o macarrão. Havia muitas frutas também: laranja, banana, abacaxi, melancia. A farinha para o pão era comprada na despesa, bem como o fubá para a polenta. Também comíamos frango de criação doméstica. Porco era raro. Como não havia geladeira, cozinhava-se todos os dias. Um dia, fui à casa de uma amiguinha e, quando lá cheguei, ela estava assando alguma coisa em cima de uma lata. Eu perguntei o que fazia e ela respondeu: "Vamos comer içá." Era uma espécie de formiga com abdômen avantajado. Colocava-se sal, assava e comia. Eu achei gostoso, era uma massinha salgada.

Nossa roupa era lavada no rio, com água corrente; quando o sabão escapava, corríamos atrás, dentro da água que era bem limpinha. No meio do cafezal havia uma nascente na qual brotavam agrião, mostarda e serralha[8]. Também não faltavam frutas no topo da montanha, onde todos diziam que havia um bugio, um macaco muito grande, mas nós nunca o vimos.

Algum tempo depois, soubemos que nossa mãe tinha sofrido um aborto. Fora levada de carroça, por nosso irmão Arthur, para a Santa Casa de Bragança Paulista. Lá chegando, colocaram-na no porão juntamente com mulheres que haviam provocado o aborto – conhecidas como de "vida fácil". Católica fervorosa, minha mãe não admitiu o que pensaram dela e afirmava às madres do hospital que nada tinha feito para provocar isso. Depois de muito argumentar, elas se convenceram de que estavam erradas. A criança foi enterrada no cemitério dessa cidade.

8 Nome dado a uma erva, de origem européia, cultivada como hortaliça.

Capítulo VIII
Mudança para São Caetano do Sul

Meu irmão Arthur observava todas as condições difíceis: os pequenos sem escola, sem futuro, com a saúde em risco, o trabalho sem quase nenhum retorno. Compreendeu que nosso pai não tinha outras perspectivas e resolveu escrever para uma família na cidade de São Caetano do Sul, os Dall'Mas, pedindo ajuda. Desde Vittorio Veneto, eram conhecidos da nossa família. O senhor Vittorio Dall'Mas tinha uma fábrica de sebo e, ao receber nossa carta, respondeu positivamente ao pedido. Meu irmão, com 16 anos, disse ao nosso pai: "Se o senhor não for, eu vou sozinho!".

Daí a alguns dias, estava resolvido: íamos mudar para São Caetano do Sul. Eu tinha 10 anos na época. Meu pai alugou um caminhão com as sobras do dinheiro do vale e saímos de madrugada. Pelo fato de trabalharmos muito, o primo Arthur poderia impedir nossa mudança. Veio a família toda, com as poucas roupas e alguns móveis. Ninguém nos viu porque os vizinhos moravam longe. Todo mundo fazia isso para ir embora, já que o trabalho era escravo. A viagem durou três horas pela Estrada Velha de Atibaia.

O senhor Vittorio arrumou um emprego para meu pai e uma casa para morarmos. Isto foi em 1936. Meu pai trabalhava na caldeira da fábrica de sebo[9]. Naquele tempo, as caldeiras eram a lenha e ele reclamava do calor do fogo.

Quem mora no interior e vem para a cidade tem dificuldade para se acostumar. Fomos morar na rua São Paulo, numa vila, entre as ruas Nossa Senhora de Fátima e Pinheiro Machado. O lugar parecia um cortiço. Nessa vila moravam oito famílias e só havia um poço, de onde se retirava água em um balde amarrado a uma corda que deslizava numa carretilha, dois tanques descobertos e dois banheiros, que eram abertos em cima, o telhado era lá no alto. Havia buracos no chão, fossas, onde se faziam as necessidades.

Certo dia, uma das moradoras, em vez de despejar a sujeira do urinol no banheiro desocupado, despejou no que estava fechado, onde estava um morador. Foi um horror! Acho que essa mulher era doida.

9 Gordura animal processada para vender.

Nessa época, para ganhar um dinheirinho, levávamos marmita de almoço para um casal, nossos vizinhos, que trabalhava na indústria Matarazzo.

São Caetano foi fundada por italianos de Veneto[10], a região de onde viemos. Nesta cidade sofremos muito, mas a vida prosseguia. Os pequenos começaram a frequentar a escola. Uma coisa boa que nos aconteceu foi conhecer, por intermédio do senhor Vittorio, a sua tia, dona Bona Silvestrini, uma senhora muito religiosa.

Como nós, os sete irmãos, não tínhamos sido crismados, ela nos arranjou padrinhos. Conversou com sete famílias para nos crismar: eu tive como madrinha a própria dona Bona; o Arthur foi crismado pelo senhor Antônio Cavana; a Augusta por dona Marieta, esposa do senhor Maximiliano Lorenzini; a Ada pela senhora Antonia Braido Dall'Mas; o Mário pelo senhor João Rosa; e o Antonio José pelo senhor José Zamboto.

O senhor Zamboto era o encarregado de abrir as porteiras[11] da estrada de ferro da estação São Caetano do Sul. Sua esposa, dona Elvira, era muito religiosa. Quem crismou Anna Maria foi dona Antônia, que tinha o apelido de Tona, casada com um Lorenzini. Fomos todos crismados no mesmo domingo e, assim, ficamos conhecendo as famílias mais abastadas daquele tempo.

10 Uma das vinte regiões em que se divide a Itália. Localiza-se ao norte.

11 Cancelas que impediam a passagem de pedestres e autos quando o trem se aproximava da estação.

Capítulo IX
O tempo passa em São Caetano - 1937

Fomos crescendo... Estamos em 1937, e eu já estava com 11 anos.

A Augusta ficou morando com minha tia Ângela em Perdizes, São Paulo. A Ada trabalhava na Indústria Matarazzo e, quando a madrinha Antônia precisava, ia trabalhar para ela, saindo do emprego para poder servi-la nos serviços domésticos, para o qual recebia mais do que na fábrica. De vez em quando, também fazia companhia para nossa mãe, sempre atormentada com aquelas varizes. Eu ficava cuidando da casa e, por essa razão, não fui à escola. Apenas Mário frequentou a escola, que era longe, na confluência da rua São Paulo com a Roberto Simonsen. Era o 4º Grupo Escolar de São Caetano – ainda não tinha "do Sul". Frequentei a escola noturna quando adulta, e também por pouco tempo.

Nessa época, quando ficávamos doentes, nossa mãe sempre nos dava óleo de rícino e de amêndoa. Ela chegava de madrugada, perto de nossa cama, com um copo de café e o óleo e nos mandava tomar tudo. Depois, dava uma fatia de laranja para chupar. E assim as doenças eram curadas.

Em outubro, o mês do Rosário[12], minha mãe reunia todas as crianças da redondeza e rezava o terço todas as tardes. Quem não sabia, ela ensinava. Até hoje encontro amigas que se lembram disso. Minha mãe sempre cumpriu a recomendação de seu parente padre, da Itália: seguir a fé cristã.

Em frente à vila, morava dona Rina, irmã do senhor Osvaldo, dono da fábrica de chocolate Pan. Ela tinha um filhinho e me disse que, se eu a ajudasse a cuidar dele, pagaria vinte mil réis[13] por mês. Então eu fui. Tudo ia bem: ela estava montando a casa e tinha comprado uns cristais, que lavara e pusera em cima do fogão a carvão. Como ele ainda estava muito quente, do fundo do quintal, ouvi um estouro. Justamente a bomboniere tinha se quebrado. Quando o marido chegou, ela lhe

12 Festa instituída pelo Papa São Pio V, como ação de graças pela prodigiosa vitória de Lepanto, obtida em 157, pela armada católica, comandada por D. João d'Áustria, contra os turcos maometanos. O Papa ordenara que, em toda a Cristandade, se rezasse o Rosário (terço) pedindo essa vitória que, segundos os cálculos humanos, parecia impossível.

13 Moeda em circulação na época. Com este valor era possível fazer apenas pequenas compras.

disse que tinha sido eu que a quebrara. Ao ouvir isso, saí correndo para minha casa e nunca mais voltei lá.

Passaram-se alguns anos. Surgiu uma chácara na atual avenida Brasil Filho, em São Caetano. Como o trabalho de meu pai era penoso, resolveu mudar, empregando-se como caseiro nessa chácara. Era tudo mato e fomos morar lá, na Vila Santa Paula. Meu pai, aos domingos, arrumava o jardim, plantava milho e verduras. Havia muita fruta. A dona da chácara era uma senhora que se chamava Branca, não tinha filhos, morava em São Paulo e, nas férias, vinha para cá com as sobrinhas passear. Era gostoso morar lá, principalmente para quem tinha morado num cortiço antes.

Um dia, uma das sobrinhas, que era pintora, me disse: "Ângela, vamos comigo que vou fazer um desenho de você." Fomos até o final da atual avenida Lemos Monteiro; na época, apenas uma trilha entre a vegetação. Na parte mais baixa passava um riacho, que vinha da atual avenida Tijucussu e desembocava onde hoje é a avenida Presidente Kennedy.

Neste riozinho havia patos que nadavam e lá fui eu, para dentro da água, levantando um pouco o vestido para não molhá-lo, posando para a pintora. Pena não saber como ficou a tela. Quem sabe está em alguma galeria. Numa bienal seria o máximo!

Capítulo X
Dona Catherina, a mãe

Minha mãe continuou o serviço de parteira[14] que já fazia no interior. Um médico da Itália, conhecido dela, mandou-lhe uns livros que explicavam aquele ofício e ela foi adquirindo prática. Em São Caetano, ela fez muitos partos, tanto de pessoas pobres quanto de ricas. Algumas, pela penúria em que viviam, não tinham nem cama e o parto era sobre esteiras. Quando o parto era difícil, porque a criança estava mal posicionada, e precisava-se da ajuda de um médico, ela o chamava. O que ela queria é que as mulheres ficassem sem sequelas do parto. Se houvesse necessidade de pontos, minha mãe chamava o médico para fazer isso. Às vezes, os médicos da época, como os doutores Souza Voto, Zambon, Túlio Negro e Kirche, diziam: "Dona Caterina, a Fulana não me pagou." E como a Fulana era muito pobre, minha mãe respondia: "A mim também não. Outras com mais posses pagarão por ela."

Quando fazia partos para uma família abastada, ela dizia: "Esta noite fui a uma casa e a mãe não tinha quase nada para vestir o bebê. Você, que tem muita roupa, me dê alguma peça para levar para ela." Quando chegava ao barraco e entregava as roupas, as pobres mães não sabiam como agradecer. Dona Catherina então respondia: "Reze por mim."

Ela cuidava ainda dos bebês depois do parto. Ia às casas dar banho nos recém-nascidos até cair o umbigo.

Nesse Bairro de São Bento, hoje Bairro Olímpico, há um posto de saúde com o nome de minha mãe. Lá, ela atendeu muita gente, a maioria pobre. Na época, não havia posto de saúde e na rua Tijucussu, por onde ela passava, tinha um córrego. A higiene era precária, mas minha mãe usava luvas e água fervida nos procedimentos, era cuidadosa.

14 Mulher que, sem ser médica, assiste a parto, ajudando ou socorrendo parturiente.

Capítulo XI
O Café

Eu tinha mais ou menos doze anos e disse à minha mãe que todos os dias passavam em frente à nossa casa da chácara muitas senhoras e crianças que se dirigiam a um local, a Vila Prosperidade, para escolher café. Eu queria ir junto para ganhar algum dinheiro. Peguei uma cestinha de palha, pus meu almoço em uma marmitinha e, junto, uma latinha vazia de massa de tomate. Essa latinha, colocada entre dois tijolos, servia para esquentar a comida. Todos faziam isso.

Chegando lá, qual não foi minha surpresa quando deparei com montanhas de café sendo queimadas[15]. Era o mesmo café que, anos atrás, eu, meus pais e irmãos plantávamos, colhíamos e ensacávamos e que, depois, vinha para São Paulo, para ser queimado! Eu não entendia, achava um absurdo!

Nós trabalhávamos em um grande armazém – Departamento Nacional do Café (DNC), antigo Regulador 15. O café beneficiado passava por uma esteira, nela se escolhiam os grãos escuros, estragados e os quebrados, que eram jogados fora. Eu ganhava setenta mil réis por mês, entre os anos de 1938 e 1940. Esse dinheiro dava para ajudar na compra de mantimentos para a família.

Certo dia, chegando para trabalhar, vimos uma coruja e todos disseram que o bicho dava azar. Eu, como não acreditava nisso, dei risada.

Entramos para trabalhar e, de repente, o tambor que beneficiava o café começou a fazer barulho. Saímos correndo. Tinha sido uma placa que havia se desprendido de dentro do tambor, como se fosse um ventilador fechado, uma centrífuga de mais ou menos um metro de diâmetro. Havia vários na fábrica e dentro deles cabia uma saca de café inteira.

15 Com a quebra da bolsa de valores de Nova York, em 1929, a política econômica que privilegiava a agricultura foi alterada. A crise atingiu a economia brasileira, diminuindo as exportações. Os estoques de café contribuíram para baixar o preço do produto. Por pressão dos coronéis paulistas, Getúlio Vargas criou, em 1931, o Conselho Nacional do Café que implementou a política de sustentação através da compra e queima dos excedentes que estavam estocados em depósitos do governo. A queima de 17,2 milhões de sacas em 1937 e nos anos seguintes provocou a redução dos preços do produto no mercado internacional.

Nessa beneficiadora, um dia, minha folha de pagamento desapareceu. Essa folha tinha nome e endereço e eu a assinava quando recebia o dinheiro: 70 contos de réis. O pagador me disse para esperar até o fim do dia que, com certeza, a folha apareceria, mas não apareceu. Eu fiquei chorosa e triste, sentada num canto, esperando. Já estava escurecendo quando descobriram que tinham pago para outra pessoa. Alguém tinha assinado a folha por mim e levado o dinheiro. Então, o pessoal ficou com pena e resolveu fazer uma coleta entre todos, até entre os escriturários, e me deram os setenta mil réis. Nessa época, eu tinha entre doze e treze anos.

Capítulo XII
O trabalho nas fábricas

Com quatorze anos, tínhamos de tirar os documentos para trabalhar. A carteira de trabalho era tirada no Palácio do Trabalho, que ficava no Parque Dom Pedro II, em São Paulo. Este prédio passou a ser o DEGRAN, depois o Gabinete do Prefeito da cidade de São Paulo e, hoje, lá, funciona a Anhembi Turismo e Eventos da Cidade de São Paulo (Palácio das Indústrias).

Quem não tinha diploma de primário (atual Fundamental I), deveria fazer uma prova para demonstrar os conhecimentos em aritmética: somar, diminuir, multiplicar e dividir. Formava-se uma fila enorme. Tínhamos de sair de São Caetano às cinco e meia da manhã, tomar o trem e desembarcar no Bairro do Brás. Dali, ia-se a pé até o Parque D. Pedro II. Quem não conseguisse passar no exame, tinha de voltar dali a um mês para fazer novo exame.

Eu passei da primeira vez, graças a Deus! Acertei todas as contas, embora eu tivesse feito apenas até o segundo ano em Bragança Paulista. Eu não pude ir à escola depois que saímos de lá porque tinha que ajudar minha mãe, que sofria com os problemas de varizes que, de vez em quando, pioravam.

Fui trabalhar na fábrica de chocolates Pan, em São Caetano do Sul, perto de casa. Embrulhava balas, uma por uma. Como eu achava que era um trabalho em que não se aprendia nada, saí.

Fui para a indústria Aliberti, uma fábrica de botões, também em São Caetano do Sul. Escolhia fatias da casca do coco para fabricar os botões. Ali também fiquei pouco, pois queria ser tecelã. Mas como aprender? Fui para a fábrica Jafet, no Bairro do Ipiranga, em São Paulo, trabalhar na seção de fiação, onde torcia os fios ou os emendava quando arrebentados e, de vez em quando, dava uma fugidinha até o salão dos teares, onde eram feitos os tecidos, e, assim, consegui aprender o ofício. Fui transferida para lá, muito contente, porque havia contrato em que se ganhava por produção, não mais por hora, o que era vantajoso. Eu fazia tecido de brim em dois teares. Tinha, então, entre 15 e 16 anos.

Eu tomava o trem às seis horas para ir trabalhar. Às dezoito e trinta, estava de volta a São Caetano, sempre feliz. Os trens eram bons e pouca gente se utilizava deles.

Na hora do almoço, pegávamos a marmita e comíamos debaixo dos eucaliptos. De vez em quando, a jornada de trabalho ia até às vinte e uma horas e era preciso correr para pegar o trem das vinte e uma e trinta, na estação do Ipiranga, pois era o último.

Num dia de neblina, estava vindo da estação de São Caetano, a pé, em direção à rua Morumbi - atual Dr. Augusto de Toledo – e, ao chegar ao fim da rua Amazonas com a Gonzaga – atravessava no meio de um campo, sem casas – , vi um vulto. Minha mãe vinha sempre me esperar ali, mas ainda não tinha chegado. Voltei para a rua Rio de Janeiro, até o armazém do senhor Fernandes. Contei a ele o que tinha visto e que estava com medo. Ele, então, me acompanhou até o ponto de encontro com minha mãe, que já estava lá. Na verdade, o vulto era apenas uma velhinha com um xale na cabeça, que também estava esperando pela neta. Rimos muito.

Quando chegava o dia do pagamento, eu entregava o envelope à minha mãe, que nos dava o dinheiro das passagens. Vestido e sapatos, comprava uma ou duas vezes por ano. Toda essa economia era para pagar as prestações da casa que havíamos comprado. Minha irmã Augusta continuava a trabalhar para tia Ângela, para pagar o dinheiro emprestado para a entrada.

Depois de alguns anos, vim trabalhar como tecelã no Lanifício São Paulo, que ficava na rua São Luiz, em São Caetano, onde hoje está a fábrica da General Motors. Meu trabalho era tecer casimira (para ternos) e lã. Fiquei sete anos trabalhando nessa fábrica.

Mas a vida não era apenas trabalho, havia momentos de descontração. Fazíamos teatro e, um dia, fomos fazer uma apresentação. Subimos na carroceria de um caminhão, coberto com uma lona, e saímos de São Caetano em direção ao Ipiranga, próximo do Sacomã. Chegamos ao cinema, onde todos estavam aguardando. Foram apenas risadas quando os "artistas" desceram do caminhãozinho. Há cinquenta anos, quase não existiam caminhonetes.

Eu também era catequista, Filha de Maria, e cantora. Cantava a missa em latim no coro da Sagrada Família. Ainda tenho saudades daquele tempo.

Capítulo XIII
Novas famílias

Eu frequentava a Matriz Sagrada Família de São Caetano do Sul, Matriz Nova. Perto de nossa casa havia uma família de portugueses que viera da Ilha da Madeira. O filho de dona Maria, chamado Henrique, estava de olho em mim, queria me conhecer e namorar, mas minha mãe disse-me que eu era muito nova – tinha dezesseis anos.

Eu estava com minha irmã Ada e ela disse que, se fosse destino, iria namorá-lo. Ele tinha namorado outras moças antes, mas eu não namorara ninguém. Passado algum tempo, ele insistiu e começamos a namorar. A família dele não estava muito contente por eu ser italiana, mas depois de seis anos de namoro, nos casamos e tudo deu certo. Da época de namoro, lamento ter conhecido meu sogro em seu leito de morte. Neste tempo, as namoradas não costumavam ir à casa dos futuros sogros. Eu passava diversas vezes pela casa deles para ir à Igreja, mas nunca tinha entrado, em todo o tempo de namoro. Também porque não me convidavam.

Casamos no dia 27 de dezembro de 1947. Meu vestido de casamento foi feito pela Judite, que nos dava aulas de corte e costura. Sei que, atualmente, mora na rua Casemiro de Abreu, em São Caetano do Sul. Ela não cobrou nada pelo trabalho. O tecido do vestido saiu barato, eu o comprei em São Paulo. Minha irmã Ada foi comigo e o modelo foi tirado da revista Figurino. Para o enxoval, comprei lençóis e fronhas e fiz as barras e os acabamentos. Só ricos compravam tudo pronto.

A cerimônia religiosa foi realizada pelo padre Ezio Gislimberg, na Matriz Nova de São Caetano do Sul, da Praça Cardeal Arco Verde. Neste dia, usei a fita de Filha de Maria, ordem à qual me filiava, e Henrique, a de Congregado Mariano. Trocamos alianças de ouro, afinal, Henrique era filho de portugueses, imagine se não teríamos esse luxo! Não houve fotos durante a cerimônia na igreja, apenas no estúdio.

Meus familiares e amigos compareceram, com exceção de meu pai, que não gostava muito de ir à igreja; ao contrário de minha mãe, extremamente religiosa.

Fizemos uma festa, cortesia de minha mãe, mas a família do Henrique também ajudou. Servimos bolo, pão com frios e doces que foram comprados na padaria. A festa foi na rua Dr. Augusto de Toledo, na casa da minha mãe, e a lua-de-mel passamos em Poços de Caldas, onde ficamos por apenas três dias. Eu estava muito preocupada com minha mãe e seus problemas de varizes. Também não achava graça andar numa charrete, ver uma bica d'água e uma cachoeira.

Na volta, fomos morar no quarto da frente da casa da minha sogra. A cozinha e o banheiro eram fora da casa, ao fundo. A rua era Oswaldo Cruz e, nessa casa, tive três meninas: Márcia, Ana Maria e Lucília.

Como minha sogra cozinhava a carvão e eu estava acostumada a usar lenha, meu marido fez um fogão alimentado por lenha, que rachávamos com machado. A vantagem do carvão era não precisar alimentar constantemente o fogo, porém era mais caro.

Além dos serviços de casa, eu sempre fazia alguma outra coisa: bordava ponto *ajour*[16] e vendia bordados portugueses da Ilha da Madeira; enquanto meu marido trabalhava na General Motors, na Seção de Recebimento.

Certo dia, fui visitar uma amiga de nossa família dos tempos da Itália. Meu pai tinha sido motorista particular de sua mãe. Dona Anita Gentile Salmone morava no Bairro de Perdizes, em São Paulo. Eu lhe contei a minha vida, que ainda não tinha uma casa própria, e ela me disse: "Eu comprei esta casa por intermédio da Caixa Econômica." E me deu todas as dicas, por isso, sempre me lembro desta amiga. Eu não perdi tempo. Com muito custo, já tínhamos comprado um terreno na rua Morumbi. Minha mãe sempre incentivou os filhos a comprarem um canto para morarem. Arrumamos o empréstimo. Os fiscais da Caixa Econômica vinham ver como estava a obra e liberavam aos poucos as parcelas. Como não tínhamos o dinheiro para retirar a terra e iniciar a

16 Do francês buraco, furo, orifício. Foi trazido na bagagem dos imigrantes italianos que, no início do século XX, vieram trabalhar nas fazendas de café do Estado de São Paulo, e adaptado por mãos escravas vindas da África. Considerado bordado tradicional assim como renda de agulha. Trata-se de um trabalho realizado em espaços produzidos no tecido pela retirada de determinados fios da trama ou da urdidura, mas nunca ambos ao mesmo tempo. Vários tipos de pontos são executados no espaço resultante, de modo a fixar os fios restantes e dar acabamento à área do bordado. O resultado final é muito semelhante a uma renda.

construção, à noite, após o dia de trabalho, eu e meu marido tirávamos a terra com pás. Não tivemos ajuda de ninguém, somente de minha mãe que, de vez em quando, fazia algum parto e me entregava algum dinheiro, dizendo: "Pegue, filha, para comprar alguma coisa." Ela ficava contente, quando via seus filhos trabalhando.

Como minha mãe era muito ativa, instigava os filhos, em reuniões, para montarem um negócio. Fruto dessa ideia, três filhos, Arthur, Mário e Antônio José, juntaram-se a dois sócios e iniciaram a Metalúrgica Dall'Anese que, durante muitos anos, gerou empregos no ABC. Mário trabalhava no escritório e Arthur, o mais velho, na parte prática, com as ferramentas, entortando e endireitando ferro, fazendo peças que vendiam para as indústrias. Arthur, além de trabalhar durante o dia na General Motors, trabalhava em casa, à noite. Nossa mãe, com receio de que ele dormisse sobre os tornos, passava a noite servindo-lhe café. Nessa metalúrgica, mesmo trabalhadores com apenas um ano para aposentar, eram admitidos, não havia discriminação.

Minha luta continuou e, depois de nove anos de casada, mudamos para nossa nova casa, onde nasceram os filhos Marcos e Cláudia Maria.

Meus irmãos Arthur, Mário e Ada, já casados e com filhos, moravam na mesma rua. Era uma alegria quando as crianças se reuniam na casa da *Nona*. Meu pai tinha que trocar as lâmpadas que estavam sempre quebradas pelas traquinagens dos netos. Minha mãe não se importava, mas meu pai, sim. Ele perguntava: "Quem fez isso?" Um neto empurrava para o outro e não se descobria nunca. No entanto, Alfredo, filho de Ada e neto mais velho, sempre levava a culpa. Nos fundos da casa havia um barracão, e os netos mais velhos inventaram de fazer um clube que se chamava "Saint Remu's", em referência ao Festival San Remo, na Itália. Ali faziam os bailes e começaram alguns namorinhos.

Alguns anos antes, aquele local tinha sido o início de funcionamento da Metalúrgica Dall'Anese. Nessa época, as peças da metalúrgica eram esquentadas no fogão a lenha da casa.

Capítulo XIV
Lembranças de Atibaia

Entre tantas lembranças que tenho de Atibaia, a mais forte é a de que, no Bairro do Tanque, aprendemos a falar Português com as crianças de lá.

Depois de casados, íamos sempre para a casa do falecido pai de minha cunhada Joana, esposa do Arthur, nesse bairro. Meu irmão acertou as contas com os outros herdeiros, comprou a casa e foi arrumando tudo. A casa era visitada por todos os nossos parentes e amigos, que aproveitavam os finais de semana e as férias.

Um dia, em 1953, a Joana chegou a fazer mamadeira na estrada, debaixo de uma árvore, para sua filha Elaine. Eu estava junto. Quanta recordação!

Certa vez, meu pequeno Marcos, depois de passar o dia brincando no tanque de água, à noite teve febre alta e vômitos. No dia seguinte viemos para São Caetano, mas ele piorava. Eu dizia, no caminho: "Espera, espera!"

Quando chegamos a São Paulo, ele deu um suspiro profundo que me deixou desesperada. Paramos numa farmácia na Praça das Bandeiras e o farmacêutico me mandou imediatamente para o Pronto Socorro que ficava no Pátio do Colégio. De lá, uma ambulância nos levou ao hospital. Graças a Deus ele melhorou. Estavam em nossa companhia os tios do Henrique, José e Angelina. Eu não tinha carro e aproveitava a carona de meu irmão Arthur e de seu sócio e amigo, Armando Calatto.

Tempos depois, meu marido e eu compramos um terreno nesse mesmo bairro e, devagar, construímos a nossa casa. Eu fiz o esboço da planta e comprava os materiais, sempre com pouco dinheiro, orientando os pedreiros na construção. Tinha cinco filhos estudando em escola particular e era um sufoco, mas nunca faltou nada para eles. Eu vendia produtos de beleza, livros e bordados em domicílio para complementar nossa renda. Tive também uma floricultura. Fazia tudo com amor.

Nunca pensei em ter uma casa no campo, pois tínhamos vindo para São Caetano em cima de um caminhão. Agora, depois de trinta anos, até carro tínhamos.

Capítulo XV
A viagem para a Itália – 1976

Eu sempre tive vontade de rever minha terra natal, a Itália.

Meu irmão Arthur tinha ido com toda a família para lá e já estava voltando de navio quando nossa mãe faleceu aqui no Brasil. Era 20 de julho de 1968. Eu e minha irmã Anna Maria estávamos em Atibaia com um bando de crianças, em férias também. Minha mãe dizia que iria esperar o filho no porto com uma bandeirinha. Foi muito triste.

Antes de ser hospitalizada, ela já tinha marcado a missa em louvor à Santa Ana, da qual era devota e cujo dia é comemorado a 26 de julho. Ela me disse para pagar a missa. Na verdade, acabou sendo nesse dia sua missa de sétimo dia.

A chegada da família de Arthur foi muito triste. Ele disse que trazia tanta coisa para a mãe ver, mas foi a vontade de Deus. E, desta forma, acabou a minha grande vontade de retornar à minha terra natal. Mas veio a Loteria Esportiva e o Arthur dizia: "Quando eu ganhar na Loteria, te pago uma passagem para a Itália."

Um belo dia, meus irmãos e seus dois sócios ganharam e ele queria cumprir a promessa. Ele perguntava: "E aí, vai ou não vai?"

Em 1976, resolvi. Falei com minha cunhada Martha, esposa de Antônio José: "Vamos as duas?" Ela topou. Comecei a providenciar os documentos. Era preciso um depósito de doze mil cruzeiros[17] que foram emprestados por meu pai. Cheguei ao banco com esse dinheiro cheirando mofo, pois meu pai não confiava nos bancos. Fiquei até com vergonha. Depois da viagem, devolvi o dinheiro novinho.

Chegou o grande dia. Cláudia, minha filha mais nova, tinha sete anos; Ana Maria, com vinte e seis, tomaria conta dela. Era o mês de julho. Quando chegamos perto do Aeroporto Leonardo Da Vinci, em Roma, e ouvi a voz do comandante, fechei os olhos e pensei: "Não é verdade!" Mas era! Foi com muita emoção que desembarcamos.

Tinham me dito que fora do aeroporto havia um ônibus que nos levaria até a Estação Ferroviária Central. Vi um senhor se aproximar,

17 Valor referente ao depósito compulsório estabelecido pelo governo para todos os brasileiros que viajassem ao exterior.

pegar as malas e levá-las. Fui atrás, pois ele ia colocando as malas no porta-malas do seu táxi, dizendo que a corrida custava vinte mil liras. Eu pedi a ele para levá-las de volta para a calçada e quase o chamei de mafioso. A passagem do ônibus custava duas mil liras. Ali, tinha que ser esperta!

Chegamos à Central, deixamos a bagagem pesada no guarda-volumes e fomos procurar um quarto nas redondezas. Nós não sabíamos que ali havia umas casas suspeitas. Fomos andando. As casas eram de dois ou três andares. Eu subia e a Martha ficava embaixo, esperando. Nós não procurávamos hotel de luxo. Subi uma escada e fui recebida por uma senhora através de uma portinha. Eu perguntei se havia um quarto para alugar, mas em português. Ela não entendia o que eu queria e, por fim, de tanto insistir, perguntou: "Cosa é un quarto? Un uomo?"[18]

Ela imaginava que procurávamos companhia masculina. Não passava pela nossa cabeça que, como em vários lugares do mundo, regiões próximas às estações de trem e ônibus são áreas pouco recomendadas, possivelmente, zonas de prostituição. Daí o mal entendido. Muito depois lembrei que, em italiano, quarto é "una camera".

Desci depressa e disse à Martha: "Vamos embora!

Andando mais um pouco, encontramos uma pensão, onde nos atenderam melhor.

18 "O que é um quarto? Um homem?"

Capítulo XVI
Explorando Roma

Começamos a visitar os lugares históricos.

Fomos ao Vaticano e à Capela de Santa Maria Maggiore, de que tanto minha mãe falava e eu nunca tinha visto. Para mim, era tudo espantoso, ficava olhando a própria Igreja, muito linda, o Coliseu, a Fontana de Trevi... Quanta coisa para ver que eu só conhecia por fotos! Para as excursões, os ônibus buscavam as pessoas nos hotéis e as levavam para uma praça. De lá, pegava-se outro ônibus para visitar os pontos turísticos.

Certo dia, fomos às fontes de Tívoli, na residência de verão dos Papas e bispos, com mais de mil fontes, com jardins maravilhosos!

Passamos por Nápoli e Pompéia, pela fábrica de camafeus muito originais. Fomos a Capri e voltamos por Sorrento. Nesta excursão, comemos muito mal. A Estrada do Sol saía de Nápoli e ia para Roma. O guia nos disse que todos pagariam pedágio nessa estrada até 1990, quando ele se extinguiria.

No dia seguinte fomos ver o Papa Paulo VI, que estava de férias em Castel Gandolfo; mas, fomos com excursão e, enquanto esperávamos o ônibus numa praça, Martha caiu. Ela se machucou, formou-se um horrível caroço em sua perna. Entramos em uma sorveteria, onde nos deram uma pedra de gelo para aplicar no local.

No ônibus, fomos conversando com outros passageiros, entre eles, bispos, padres e madres. Foi com muita alegria que vimos o Papa. Tiramos uma foto com a guarda papal, o que era proibido. O retorno a Roma foi muito difícil. Lá pelas tantas é que veio um ônibus e a Martha, coitada, com aquela perna, sem reclamar. Conseguimos chegar a Roma à noite. A Martha, magrinha, gostava de andar, mas comia pouco. Chegávamos tarde aos restaurantes, e muitas vezes os encontrávamos fechados, e eu ficava brava.

De San Giacomo, soubemos depois, os parentes telefonavam para o Brasil, porque não chegávamos lá e ninguém tinha notícias nossas. Por fim, satisfeitas com nosso *tour*, decidimos rumar para minha cidade, Vittorio Veneto. Despachamos as malas para Conegliano, tomamos o trem até Mestre e depois até Conegliano; mas tomamos um trem comum e demoramos a chegar. No nosso banco estava um senhor que ia para Bologna, percebemos que levava um lanche. Nós não sabíamos que nas estações não havia nada para vender. Passamos fome. Conversamos sobre Bologna. O senhor nos disse que era a capital comunista e nós contamos a ele que tínhamos um parente político. Ele nos disse que os políticos italianos não viajavam naquele trem, só de expresso.

Apenas em Bologna conseguimos comer alguma coisa, mas tudo bem. Passamos por Mestre e chegamos a Conegliano, depois de muitas peripécias.

Descemos do trem e, com o endereço na mão, procuramos um ônibus que passasse pela Via San Antonio, já que não tínhamos avisado ninguém. Tomamos o ônibus e fomos conversando em português, naturalmente. Conversamos com uma senhora, que compreendeu o que falávamos e que nos contou que tinha nascido e morado, quando pequena, no Brasil. Seu nome era Paula Marchione, tinha aproximadamente 50 anos. Disse que seus pais vieram para o Brasil e, depois, sua mãe, que era enfermeira, tinha voltado para a Itália sem o pai. Ela disse que ia passar pela via da qual perguntávamos, o que nos deixou contentes. Pediu nosso endereço no Brasil e prometeu que nos visitaria, o que, de fato, aconteceria alguns anos depois.

Capítulo XVII
A vila de meus avós

Chegamos a Via San Antonio, 135. Batemos à porta e a prima Silvana atendeu. Ela ficou muito brava por não termos dado notícias. Nós rimos muito, entre beijos e abraços. Eu não dizia nada porque fiquei emocionada. Ali era a "vila" dos meus avós. A tia Ângela, irmã de minha mãe, que bondade! As duas primas, Silvana e Augusta; Antônio, casado; Giovannina, também; e Benedetto, casado, que esteve no Brasil quando solteiro... Todos eram De Nadai e Michelin, parentes de minha mãe.

Atravessamos os campos das terras de nossos avós paternos e maternos. Lá ficava a vila onde nós nascemos. As poucas lembranças, mas ainda vivas em mim, voltavam. Eu tinha apenas cinco anos e meio quando deixei a Itália. Com o tempo, e aos poucos, todos nós – irmãos – voltamos lá para recordar, mas meu pai nunca voltou a ver sua terra e sua família, os Dall'Anese.

San Giacomo estava cheio de flores: havia gerânios por todos os lados. A família Michelin era grande e moravam vizinhos. Na casa antiga, morava minha tia Maria, solteira. Eu olhava tudo, sempre admirada. Antes, era uma vila grande; depois que meus avós morreram, foi tudo dividido.

O rio não era mais como eu recordava, mas a igreja era a mesma de minha lembrança.

Mais uma vez, quanta emoção ao ver a casa onde havíamos nascido! Três andares, onde nossa mãe criava bicho-da-seda. Ela tinha animais, terra para plantar e ainda seis filhos pequenos para criar.

Lembrei que, naquele tempo, andavam por lá uns ciganos e nossos pais não abriam a porta para eles. Eles queriam tirar a sorte, ler as mãos, mas alguns roubavam, e chegaram a levar uma bicicleta que estava no quintal de uma casa vizinha, que pertencia a meu tio. Um dia, com a desculpa de tirar a sorte e benzer para tirar a dor de cabeça, eles puseram uma lata na cabeça do tio Antônio e roubaram toda a linguiça que estava em cima do fogão. Por isso, até hoje, sou descrente destas coisas.

Nesta viagem de reencontros, surgiram primos e primas de todos os lados. Certo dia, fomos a Cozzuollo visitar uma irmã de meu pai, Luiza Dall'Anese, viúva, mas que fora casada com um membro da família

Braido, cujo apelido era Pina. Ela começou a contar sobre sua visita ao Brasil, da farinha de milho que comeu e dos bichos que viu. Falou de alegria e sofrimento ao mesmo tempo. Lembrou da Segunda Guerra Mundial, por ter sido em Vittorio Veneto a última batalha. O lugar era um grande sítio da família de Anita Gentile Salmoni. Todos da família trabalhavam no campo e também na casa dos patrões.

Tia Pina contou: "No dia 20 de julho de 1944, às onze horas, uma esquadrilha italiana de aviões de bombardeio, que ia para a Alemanha fazer um ataque, foi alvejada pela artilharia antiaérea que se encontrava sobre o Rio Piave. Um avião explodiu no ar, indo cair no sítio. Alguns da família correram para dentro da casa e duas primas se esconderam debaixo de uma árvore, justamente onde caíram os restos do avião: Ignes, de 21 anos, e Antonieta, de 33. As vítimas deixaram marido e filhos pequenos. O marido, que era da região, também morreu queimado, sob os olhos aterrorizados de sua esposa."

Em e-mail enviado em 3 de dezembro de 2005, meu primo Adriano Braido recorda o mesmo episódio, relatando-o a outro primo, Michelin Giacomo, por minha solicitação.

Árvore replantada pela tia Luiza, no quintal de sua casa, em Cozzuollo, Itália.

Embaixo da árvore, Ângela Dall'Anese, sua cunhada Martha Dall'Anese e uma prima de Ângela.

Ciao Giacomo:

Tramite I´Isrev (istituto di storia della resistenzia nel vittoriese) ho conosciuto per ora solo telefonicamente (ci incotreremo in gennaio) una persona appassionat di storia ch, in contatto com alcune universitá americane sta´ scrivendo um libro sui fatti Del 20 luglio Del 1944 nella zona di Cozzuolo. Dei fatti legati alle sorelle Braido si as com certezza (poiche´ essiste um rapporto scritto Del pilota) Che il pilota dell´aereo caduto è ancora vivo e iside negli Stati Uniti; si chiama Lewis ed insieme ad altri 5 membri dell´equipaggio si salvo´. I´aereo era Del tipo B24 molto símile al B17 di cui ti dicevo; di solito i B17 non erano verciati, ma verso la fine della guerra anche i B24 non lo erano (come il pezzo di aéreo recuperato e presente ora in uma vetrinetta nel museo della Battaglia di VittorioVeneto) per esigenze legate ale tempistiche di produzione ed il venir meno dei motivi tattici; I´aereo è stato abbattuto da uma raffica di mitragliatrice da pare di uma squadriglia di aerei della repubblica di Salo´partiti da Verona (il capo pattuglia nel marzo 2005 era ancora vivo e viveva a Roma).
Appena avrò altre buone nuove ti faro sapere.
Saluti.

Tradução feita pelo Professor Ricardo Dall'Antonia.

Olá Giacomo:

Por intermédio do Instituto de História da Resistência, no vitoriese (ISREV), fiquei conhecendo – por enquanto só por telefone (vamos encontrar-nos em janeiro) – um apaixonado por história que, em contato com algumas universidades americanas, está escrevendo um livro sobre os acontecimentos de 20 de julho de 1944 na região de Cuzzuolo. A respeito do que aconteceu com as irmãs Braido, sabe-se com certeza (porque existe um relatório feito pelo piloto) que o piloto do avião abatido ainda está vivo e mora nos Estados Unidos; chama-se Lewis e conseguiu salvar-se com os outros 5 membros da tripulação. O avião era um B24, muito parecido com o B17 de que já lhe falei; A fuselagem do B17 em geral não era pintada, mas, perto do fim da guerra, tampouco o era a dos B24 (como é prova o pedaço em exposição no Museu da batalha de Vittorio Veneto) por imposição de prazos de fabricação e por terem ficado desnecessários certos cuidados táticos; a aeronave foi abatida por uma rajada de metralhadora disparada por uma esquadrilha de aviões da República de Salo [nome do governo fascista após o abandono de Roma que havia decolado de Verona. Em março de 2005, ainda vivia em Roma o comandante da operação.

Assim que tiver mais boas novas, dou-lhe notícias.

Saudações.

Pina lembrou uma vez mais do Brasil, dos abacaxis que viu em Atibaia, onde tinha uma plantação no início do século XX. Ela tinha muitas fotos e queria nos dar todas.

Tios e tias, muitos primos, muitos abraços e beijos na despedida. Rumamos para Veneza. Fomos a Udine, onde visitamos alguns primos da família Michelin. Minha mãe gostava muito desse primo, pai de dois filhos: Diana e Ângelo. Fomos de trem e, chegando à cidade, vimos muitas barracas nos quintais, o que nos chamou a atenção. Tinha havido um pequeno tremor de terra, e as pessoas tinham medo de dormir dentro de casa, por isso, acampavam nos jardins e quintais.

Anda que anda, chegamos à rua do endereço que tínhamos. De um mercadinho, vinha saindo uma moça e, numa mistura de português e italiano, perguntei: "Você conhece a família Michelin, que tem uma filha chamada Diana?" Ela olhou espantada e disse: "Diana sou eu!"

Quanta alegria! Fomos a sua casa e lá também havia uma barraca, que pertencia a seu irmão, que morava em apartamento. Almoçamos com eles. O pai chegou e conversamos sobre minha mãe. Ficaram contentes em nos conhecer e relembrar o passado.

Visitamos a igreja de Santo Antonio de Padova, na cidade do mesmo nome. Fomos de ônibus e, para mim, era um sonho estar lá. Não acreditava no que via. Assisti à missa em frente ao altar, no qual há uma urna com a santa língua de Santo Antonio.

Depois de percorrer todos os cantos do Santuário e comprar lembrancinhas, fomos ao restaurante Poveretto, ali perto. Naquele local, quem comesse um prato não poderia se servir de outro: se comesse sopa, era só a sopa; se comesse macarrão, era só aquele prato. Nós não sabíamos disso e pedimos a sopa. Depois de comê-la, pedimos o macarrão. Logicamente não fomos servidas, pois era um restaurante para peregrinos e pessoas sem posses. Tivemos que sair dali e ir a outro restaurante para terminar a refeição. Rimos a valer do vexame e acabamos comendo de bandejão.

Capítulo XVIII
Partida para a França

Enfim, era chegada a hora de partirmos para a França, para a casa de uma tia, irmã de minha mãe, Giacomina. Ela era viúva e tinha um filho. Foi uma viagem de trem longa e cansativa. Os ferroviários franceses estavam em greve e, quando chegamos à Ventimiglia, na fronteira ítalo-francesa, a estação estava cheia de gente e estudantes com aquelas bagagens que incluíam os sacos de dormir. Subiram todos porque o trem vinha da Itália. Foi uma loucura, um aperto!

Estávamos próximo a Bordeaux e, com o endereço nas mãos, sem conhecer a língua francesa, perguntei a um menino que estava ao lado se conhecia o lugar. Ele tinha uns quatorze anos. Eu disse que éramos do Brasil. O garoto perguntou à mãe e ela disse que não sabia o que era "Brasil". Fiquei com raiva do seu descaso, pois, no Brasil, qualquer criança conhece os principais países do mundo.

Desembarcamos em Bordeaux, pegamos um táxi e fomos até a casa da minha tia.

Meu Deus, que simpatia! O filho dela estava lá, em férias, com os netos. Foi uma grande festa. Ele pegou as malas e foi para a casa da sogra, que era ali perto, para que nos alojássemos na casa da sua mãe. Mas ficamos por pouco tempo. No dia seguinte, fomos visitar a cidade de Lourdes, logo pela manhã. Passamos o dia e voltamos à noite. Foi mais uma grande emoção ver Lourdes e depois morrer[19]. Assistimos a duas missas, uma em língua espanhola. Não pude conter as lágrimas, que corriam a cântaros. Visitamos a gruta e vimos velas de todos os tamanhos e espessuras. Havia uma da grossura de um poste! Cadeiras de rodas com doentes saíam de todos os lados, em direção ao grande hospital localizado na cidade.

De volta à estação rodoviária, tomamos o ônibus... errado! Depois de algumas informações, chegamos à casa de minha tia. Havia um pessegueiro, do qual minha tia não queria que ninguém apanhasse as frutas, somente nós podíamos comê-las.

19 "... ver Lourdes e depois morrer." é uma analogia a "Ir a Roma, ver o Papa e depois morrer."

Tratamos de ir comprar as passagens de trem para Portugal, para a cidade do Porto, e também de despachar as malas para viajarmos mais tranquilas. Eu levava uma mala que deveria ser entregue na Ilha da Madeira. Nesta mala estavam todas as lembrancinhas que minha sogra e sua família mandavam para os parentes de lá. Despedimo-nos, muitos beijos e abraços, e fomos para o trem, nos alojar na cabine.

Encontramos um casal de portugueses com dois filhos, que ia passar as férias em Portugal. Eles traziam na bagagem muita comida: galinha assada, pães, laranjas e um garrafão de vinho. Nós íamos comer alguma coisa no restaurante do trem, mas a comida não era boa. Lá pelas tantas, eles começaram a comer e o cheiro da comida era forte e não se podia abrir a janela. A cabine comportava seis pessoas e, numa das estações, ainda na França, subiu um francês para nossa cabine. A distribuição ficou assim: eu e a Martha, no beliche de baixo, e o francês, no de cima. Ele acendeu a luzinha e leu a noite toda. O português, do outro lado, pôs os filhos no beliche de cima e se ajeitou com a mulher embaixo. Como tinham tomado bastante vinho, eles caíram rapidamente no sono. De repente, o português se levantou e resolveu tirar as botas. Meu Deus! Eu e Martha tivemos de sair correndo da cabine e passamos o resto da viagem no corredor. Estava pior que o Expresso do Oriente! Como havia luar que iluminava o campo, ficamos olhando a colheita do trigo, muito bonita! Ao longe se via uma igreja, um aglomerado de casas e algumas colheitadeiras de trigo.

Ficamos ali, em pé, quando passou por nós um guarda, parecia mesmo o Expresso do Oriente. Ele perguntou em espanhol: "Te gustan a ver cosechar el trigo?"

Respondemos que sim, que gostávamos. Mal sabia ele que não se podia ficar dentro da cabine. Ao amanhecer, tentamos dormir um pouco. Já estávamos em território português e, muito cansadas, perguntamos ao francês se na cidade do Porto havia voo para a Ilha da Madeira. Já era a terceira ou quarta vez que eu perguntava desde o início da viagem. Ele se aborreceu e me disse, muito malcriado: "Quando chegar lá, a senhora compra um guia."

Estávamos chegando à Estação Central São Bento, no Porto, o fim da linha. O trem estava parado numa estação, antes da final, quando o francês nos disse: “Não é esta a estação em que vocês devem descer?”

Olhamos para fora e vimos que era a parada Vila Nova de Gaia, o nosso destino. Pegamos todas as coisas e saímos correndo. Ainda deu tempo de descer.

Capítulo XIX
Os amigos de Portugal

A Estação São Bento era a última, mas ficava muito longe da casa de um amigo que íamos visitar, o senhor Ruy Temudo, por isso descemos na anterior: Vila Nova de Gaia

Sempre com o cartãozinho na mão, dado por sua filha Conceição aqui no Brasil, pegamos um táxi e, por volta das dezessete horas, estacionamos em frente ao local. Depois de dois dias de trem, tínhamos chegado ao nosso destino, uma linda "quinta"[20], como dizem os portugueses! Um empregado apareceu e nos apresentamos. Ele foi chamar o senhor Ruy dizendo: "Tem aqui gente do Brasil!"

A recepção foi de muita alegria. Fomos acolhidas pelo casal, dona Maria e o senhor Ruy, que morava numa casa enorme, de dois andares, com uma capela ao lado. Havia ainda outras construções e um grande terreno.

Conversa vai, conversa vem, chegou a noite e fomos finalmente descansar. Eu num quarto e a Martha em outro, em camas com lençóis muito alvos. Era do que precisávamos. No dia seguinte, eles nos mostraram a quinta. Havia árvores com frutas de toda qualidade e, nos jardins bem cuidados, lindas flores.

Eles nos contaram tristemente sobre o que deixaram na África. Estavam há pouco tempo em Portugal. Anos depois, pedi a dona Maria que me relatasse a conversa daquele dia.

Segue o seu relato: "Estive 32 anos em Angola, que foram os melhores anos da minha vida. Foi lá que criei os meus cinco filhos até o segundo ano do Liceu, pois a empresa onde meu marido trabalhava mantinha um bom colégio para os filhos de todos os funcionários. Além disso, tínhamos direito a hospitais com tudo, médicos, enfermeiras e analistas – todos esses serviços eram pagos pela empresa. Era uma empresa de café. Meu marido era engenheiro, como vários outros portugueses que lá trabalhavam.

Com a independência de Angola, tudo isso desapareceu e tivemos que regressar a Portugal sem nada, mas antes passamos pelo

20 Grande propriedade rústica, com casa de habitação. Extensão de terreno cultivado.

Brasil, onde temos uma filha e conhecemos pessoas encantadoras de quem ainda hoje somos grandes amigos. Esses amigos são italianos e, numa viagem que fizeram à terra natal, passaram em Portugal, onde nos foram visitar e ficaram em nossa casa, onde os recebemos com muita alegria. Ainda sem termos a vida organizada, pois tínhamos perdido tudo. Mesmo assim, foi uma alegria encontrar novamente os amigos que nos tinham recebido no Brasil de braços abertos. Eles tinham feito toda a viagem de comboio onde desaparecera uma mala. Como estava tudo no seguro, o meu marido conseguiu recuperar o valor. Passados dias, tiveram que regressar ao Brasil, onde moram, com toda a família.

Já se passaram vinte anos; mas a nossa amizade continua, apesar de algumas pessoas queridas terem faltado, o que nos entristece muito, mas temos que nos conformar, pois a vida continua."

No dia seguinte, o senhor Ruy nos levou à Estação Central para ver se haviam chegado as malas despachadas. Elas chegaram somente dois dias depois, mas faltava a mala das lembrancinhas do Brasil. Ficamos mais uns dias no aguardo da mala. Neste meio tempo, o senhor Ruy nos levou aos os castelos da região, à Igreja de Nossa Senhora da Saúde, que fica num morro, além de outros pontos turísticos. Dona Maria era muito organizada e amável, sempre nos acompanhando.

Como a mala não aparecia, o senhor Ruy, que conhecia o encarregado da alfândega, pediu que eu deixasse uma procuração para ele poder pedir uma indenização à Companhia. A Martha dizia que já estava com vergonha de ficar incomodando as pessoas, mas não tinha outro jeito.

Comecei a telefonar para o aeroporto de Lisboa, para ver se conseguia passagens para a Ilha da Madeira, mas a resposta era sempre a mesma: os voos estavam lotados. Mesmo assim, nos despedimos e embarcamos para Lisboa.

Ao chegar, fomos procurar algum alojamento. Os hotéis e pensões estavam cheios de repatriados[21] da África, pessoas que, como os Temudo, tiveram de deixar aquele continente às pressas. Que fazer?

Pegamos um táxi para o aeroporto. Lá, dirigi-me ao guichê da TAP (Transporte Aéreo Português) e falei ao senhor que atendia: "O senhor nos venda duas passagens para a Ilha da Madeira, senão dormiremos aqui, nos bancos do aeroporto, pois não se acha vaga em nenhuma pensão. Como vamos fazer?"

Ele deve ter ficado com dó, ou tivemos sorte, porque nos vendeu as passagens no voo que estava saindo. Embarcamos rapidamente. Graças a Deus, tínhamos conseguido!

21 Repatriados portugueses: após a Revolução dos Cravos (25/04/1974) iniciou-se a abertura do novo regime para o processo de descolonização portuguesa na África. Em 10 de setembro de 1974, Guiné-Bissau foi a primeira colônia a decretar independência. Com os Acordos de Alvor, de janeiro de 1975, o governo português reconheceu a independência de Angola, proclamada em 11 de novembro de 1975. Depois vieram a independência de Moçambique (25/06/75) e de Cabo-Verde (05/07/75). Assim os portugueses patriados na África retornaram a Portugal. Enciclopédia de guerras e revoluções do século XX: as grandes transformações do mundo contemporâneo. Francisco Carlos Teixeira da Silva (coordenador). Rio de Janeiro: Elsevir, 2004.

Capítulo XX
Ilha da Madeira

A viagem foi boa, mas a aterrissagem foi um horror. Ao pousar na Ilha da Madeira, o avião deu umas reduzidas muito fortes. Quando parou, todos bateram palmas. A pista daquele aeroporto era muito curta e os pilotos tinham de ser precisos para não caírem no mar.

Não havia ninguém a nossa espera, pois não tinha dado tempo avisar. Pegamos um ônibus para a cidade de Funchal, capital da Ilha. Outro susto... o ônibus corria na beiradinha do penhasco e lá embaixo só se via água. Do outro lado, as montanhas. Chegamos a Funchal e marcamos a viagem aérea de volta a Lisboa. A Ilha estava cheia de turistas e famílias em férias, vindos de quase toda a Europa. O mês de agosto é sempre assim, pois é alto verão.

Já fazia quinze dias que não nos comunicávamos com o Brasil e as pessoas não sabiam onde estávamos. Como telefonar era difícil, e havia poucos postos telefônicos, não nos comunicávamos com os parentes com a frequência que eles desejavam. Também, como estávamos passeando e deslumbradas com tantas coisas maravilhosas, não nos dávamos conta da passagem do tempo.

Conseguimos, enfim, telefonar e conversar com a família no Brasil. Martha falava pouco, mas eu ... falei com a minha filha Ana Maria, que reclamou do cabelo da irmã menor, que era comprido, e dava muito trabalho para pentear. Eu disse para ela levá-la à cabeleireira e cortar. A Beth, nossa cabeleireira cortou, mas, depois que voltei, ela contou que ficou com dó.

Depois das ligações, pegamos os endereços e saímos em busca das casas dos parentes do meu marido. Procurávamos a senhora Conceição do Velhinho, apelido da tia de minha comadre Laurentina, cujo marido era primo de Henrique. Essa tia havia criado minha comadre e eu mantinha correspondência com ela. Morava na beira da estrada que vai para o aeroporto, na Sumada. Chegamos na sua casinha, bem simples, com apenas um quarto. Ela ficou muito surpresa ao nos ver. Foi depressa para o fogão e cozinhou umas batatas que nos serviu com tempero de salsinha picada e azeite. As batatas são chamadas de semílias na Ilha. Estavam tão gostosas que passamos anos falando daquelas batatas, não sei se pelo sabor, ou por fome mesmo.

Passamos pouco tempo na Ilha, talvez devêssemos ter ficado mais, porém, por causa da mala perdida, gastamos muito tempo em Porto, atrasando a viagem.

Descansamos um pouco na casa da dona Conceição e nos dirigimos à casa de dona Maria dos Anjos, que morava com a mãe e um irmão. Esse irmão tinha se casado e viajara para a Austrália. Sentamos sob uma parreira ao lado da casa e vimos, pela janela, um quarto bem arrumado. A mãe disse-nos: "Esse quarto é do meu filho casado que está viajando, portanto, vocês podem ficar e dormir aqui." Era o que precisávamos ouvir. Eu disse: "Martha, é aqui mesmo que vamos dormir."

Descemos uma escadaria de pedra e, lá embaixo, entramos na casa da Maria, prima do Henrique. Ela também é parente da dona Maria dos Anjos, que nos ofereceu o jantar. Depois disso, voltamos e dormimos no quarto do filho da Maria dos Anjos.

Foi uma viagem cheia de surpresas. Nós economizamos tanto que a reserva de dinheiro que levei, trouxe de volta.

Capítulo XXI
Amigos para sempre

Depois de muitos anos, o senhor Ruy e a esposa vieram ao Brasil visitar os filhos e trouxeram-nos o reembolso pela mala. Ainda nos encontramos muitas vezes ao longo dos anos.

A senhora Paula, que conhecemos na viagem de Conegliano a San Giacomo, também nos fez uma surpresa.

Certo dia, algum tempo após a viagem, já no Brasil, meu sobrinho Luiz me telefonou: "Tia, tem aqui uma senhora que a conheceu na Itália."

Minha cunhada Martha não estava em casa, então fui buscá-la. Era a Paula, que havíamos conhecido em Conegliano. Ela vinha procurar o pai, de quem não tinha notícias desde pequena. Fiquei com muita pena e a acompanhei por vários órgãos oficiais e cartórios da cidade de São Paulo, procurando-o, mas sem sucesso. Com o mesmo sobrenome Marchioni, encontramos muitos. Fomos até o Consulado, onde lhe disseram que, como cidadã brasileira, ela deveria pagar imposto. Então, deixou de procurar o pai. Ela era muito divertida, ficou hospedada em minha casa e, quando me chamava, eu ouvia uma voz muito parecida com a de minha mãe.

Um dia, levei-a a Aparecida do Norte. Lá assistimos à missa do meio-dia, depois fomos ver a mostra dos milagres, o que demorou um pouco. Como ela não estava acostumada a tomar café da manhã, estava com muita fome e, em dado momento, virou para mim e disse: "Até os padres já foram almoçar e nós aqui!" Ficou muito brava. Entramos em um restaurante onde nos serviram uma botija de vinho. Ela bebeu todo o vinho antes do almoço, e eu só ria.

Quando saíamos, ela sempre trazia para casa uma garrafinha de vinho e dava para o meu marido. Também fomos ao Rio de Janeiro com mais duas pessoas. Eu tinha uma amiga em Vila Izabel, uma senhora chamada Alice, muito bondosa, portuguesa da Ilha da Madeira. Era bordadeira e casada com um viúvo. Sua casa era grande e dormimos as quatro num quarto só. Ela tinha muitos cachorros que latiam muito e não se podia dormir. Eu disse às outras: "Esperem." Em seguida, dei um comprimido a cada uma, tomei o meu e dormimos sem nos incomodar com latidos.

No dia seguinte, visitamos o Cristo Redentor e ao Pão-de-Açúcar. Como eu andava sempre na frente, a Paula dizia que precisava de uma luneta para me ver. Calçava umas sandálias novas, o que a fez ficar com os pés cheios de bolhas. Ela sentia tanta dor que, quando chegamos a casa, ela me disse: "Leve-me ao pronto-socorro."

Na verdade, era tudo graça, sempre com muita alegria. Que saudades! Ela ainda voltou mais uma vez, em um dezembro. Regressou à Itália em janeiro e, em março, faleceu. Seu marido me escreveu, agradecendo a hospitalidade.

Ela tinha uma doença grave, câncer, mas eu nem suspeitava. Seu marido contou que, como ela era muito querida, à missa de corpo presente compareceram tantas pessoas que nem couberam na igreja.

Capítulo XXII
Um balanço da vida

Não sabendo como terminar este livro, lembrei de uma conversa com uma amiga do coral. Depois de cantarem parabéns pelo meu aniversário de setenta e oito anos, ela disse: "Queria ter a mesma disposição quando eu chegar à sua idade, e boa cabeça". Eu lhe respondi: "A minha família é grande e muito unida, com cinco filhos, treze netos e muitos amigos, o que me dá alegria e vontade de viver".

Casei em 27 de dezembro de 1947, morei nove anos com a sogra, lutamos para ter nossa casa. Com cinco filhos para criar, comecei a ajudar meu marido, fazendo ponto *ajour*, vendendo bordados da Ilha da Madeira e livros do Círculo do Livro, quando ganhava prêmios pelas boas vendas. Fiz muitas amigas, nunca pensei em vaidades, estive sempre atenta aos estudos dos meus filhos, porque sabia que era o que eu podia e tinha que dar a eles. Graças a Deus não podia ser melhor o resultado, embora eles me achassem muito brava; na verdade, eu era responsável.

Meu marido foi trabalhador sem perder um dia de serviço. Ele era Congregado Mariano; eu, Filha de Maria, cantora do coral da Igreja e catequista. Nossas mães nos deram educação religiosa, que passamos a nossos filhos. Eles, graças a Deus, também continuaram nessa fé. Não pensei chegar a ver os filhos formados e os netos também. Ainda tenho duas pequenas, que são a alegria de todos. Viajei quatro vezes para a Europa, estive na Itália, minha terra natal, na Ilha da Madeira, terra da família do meu marido para conhecer todos os parentes. Fui ao Vaticano, entrei na Capela Sistina, visitei Lourdes e Nossa Senhora de Fátima. Na Espanha, Nossa Senhora do Monte Madera.

Há anos sou Vicentina e dou auxílio aos necessitados. Eu e meu marido fomos um dos primeiros casais apresentados na fundação do Clube dos 30 da GM[22], em 1987.

Agora, os filhos é que estão sempre preocupados conosco. Ganhei do neto Marcelo, como trabalho da escola, um pequeno livro em homenagem à avó.

22 Clube formado por funcionários que trabalham há mais 30 anos na empresa. FONTE: Setor de Atendimento General Motors do Brasil.

A Márcia fez Mestrado e dedicou sua dissertação aos pais. Para nós, pais, todos os filhos são maravilhosos.

A Ana Maria está sempre mandando os seus bolos, a Lucília, enfermeira, em qualquer emergência está aqui. A Cláudia é psicóloga e tem muito trabalho com as crianças. Meu filho Marcos trabalha muito, mas é sempre atencioso. Meu Deus, chega, não sei definir o meu amor por eles.

Chácara na avenida Vital Brasil. Maria Michelini (tia), Antônio José Dall'Anese (irmão), Mário Dall'Anese (irmão), Catherina Michelini Dall'Anese, Augusta Dall'Anese (irmã), Ângela, Giovani Dall'Anese (pai) e Anna Maria (irmã) durante visita da tia Maria ao Brasil, que vinha da Itália pela primeira vez. 1938

Cartão de Natal e Próspero Ano Novo de Ângela para Henrique. 25 de dezembro de 1946

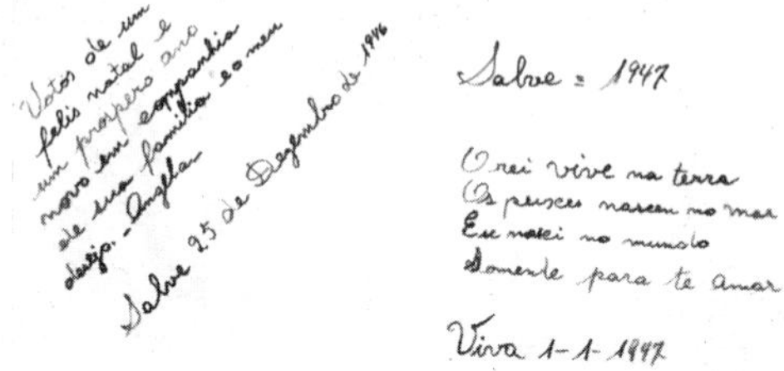

Votos de um
felis natal e
um prospero ano
novo em companhia
de sua familia e o meu
desejo. - Angela

Salve 25 de Dezembro de 1946

Salve = 1947

O rei vive na terra
Os peixes nascem no mar
E eu nasci no mundo
Somente para te amar

Viva 1-1-1947

Ângela e integrantes do Coral Sagrada Família em apresentação. Igreja Matriz Sagrada Família. São Caetano do Sul. 1942

Lua-de-mel de Ângela e Henrique em Poços de Caldas. 29 de dezembro de 1947

Reunião em Família. Casa na antiga rua Morumbi.
Esquerda para direita: Ângela, Ada (irmã), Anna Maria (irmã), Márcia (filha) e Catherina (mãe). 1950

Registro Familiar. Henrique, Márcia e Ângela. Rua Deenield, 242. Sacoman – SP.
1950

Sítio dos avós de Ângela - San Giacomo, Vittorio Veneto. Antônio Michelin (primo), Catherina Michelin (mãe) e Benedito Michelin (sobrinho). Primeira viagem de Catherina à Itália, após ter vindo para o Brasil. 1953

MICHELIN DEFENDENTE

M. a S. Giacomo di Veglia di anni 86 il 25-6-1958

Tre parole si scrivono sulla sua tomba: preghiera, amor della casa, lavoro: titolo prezioso delle divine ricompense.

MARTOREL AUGUSTA

M. a S. Giacomo di Veglia di anni 82 il 2-10-1952

Il volto di una madre per gli estranei è un ritratto, ma per i figli è un libro che ha insegnato loro la vita.

Due volti come un cuor solo
uniti nella vita
ora riuniti in cielo

Foto A. Marin Vittorio V.

Nota de Falecimento. Michelin Defendenti e Martorel Augusta (avós). 25 de junho de 1958

Passeio da família ao Orquidário de Santos. Marcos (filho), Ângela, Márcia (filha), Ana Maria (filha), Henrique e Lucília (filha). 1962

Registro Familiar. Ângela e Henrique com os filhos.

Primeira viagem a Portugal. Temudo, Ângela e dona Maria. Porto-Vila Nova de Gia, Portugal. 1976

Registro Familiar. Ângela e Henrique com os filhos.

Registro Familiar. Ângela e Henrique com os netos.

Ângela e as Profas. Dras. Priscila Ferreira Perazzo e Vilma Lemos. 2007

Ângela e a Profa. Dra. Vilma Lemos. 2007

Ângela e o pesquisador Robson Conceição da Silva. 2007